W.-D. Jägel

GRUNDLAGEN DEUTSCH

Erarbeitet von Johannes Diekhans

Diktate

4–6

Schöningh

www.schoeningh-schulbuch.de
Schöningh Verlag, Jühenplatz 1–3, 33098 Paderborn

Druck A 5 4 3 2 1 / Jahr 2010 09 08 07 06
Alle Drucke der Serie A sind im Unterricht parallel verwendbar.
Die letzte Zahl bezeichnet das Jahr dieses Druckes.

Umschlaggestaltung: INNOVA, Borchen
Druck und Bindung: westermann druck GmbH, Braunschweig
ISBN 13: 978-3-14-025121-1
ISBN 10: 3-14-025121-1

Inhaltsverzeichnis

Vorwort

Der vorliegende Band enthält vor allem Übungstexte zu ausgewählten Problemen der deutschen Rechtschreibung für das 4.–6. Schuljahr. Die Texte entsprechen den neuen Regeln der deutschen Rechtschreibung, wie sie von der Kultusministerkonferenz im Jahre 2006 beschlossen wurden.
Zu jedem behandelten Bereich sind zunächst einige grundlegende Regeln formuliert, die in das Rechtschreibproblem einführen. Es folgt jeweils eine Liste von insgesamt über 170 5-Minuten-Diktaten, die dem Bedürfnis von Eltern, Lehrerinnen und Lehrern und hoffentlich auch Schülerinnen und Schülern nach regelmäßigem, aber weniger aufwendigem Üben entgegenkommen sollen.
Die Texte, die sich anschließen, sind unterschiedlich lang und unterschiedlich anspruchsvoll. Eine Zuordnung zu den einzelnen Jahrgangsstufen wurde nicht vorgenommen. Jede Klasse ist anders, jeder Schüler und jede Schülerin ebenfalls. Als Richtwert für die Länge eines Diktats wird gelegentlich angesehen:
Klasse 4: 110–130 Wörter
Klasse 5: 130–150 Wörter
Klasse 6: 150–170 Wörter

Einige der Wörter, die zu dem jeweils behandelten Rechtschreibproblem gehören, sind fett gedruckt. In der Regel werden sie in einer kleinen Übung unter dem Text wieder aufgegriffen. Diese Übungen sollen der selbstständigen Vorbereitung oder auch Nachbereitung des jeweiligen Diktattextes dienen.
Vorgaben, welche Wörter vor dem Diktat angeschrieben werden sollten, werden nicht gemacht. Auch hier bleibt es der Einschätzung des Diktierenden überlassen, welche Wörter vorab geklärt werden müssen. In jedem Fall sollte die Schreibweise unbekannter Eigennamen erläutert werden.

Sinnvoll ist es, das Diktat zu Beginn vollständig vorzutragen. Anschließend wird der jeweilige Satz noch einmal als Ganzsatz vorgelesen und schließlich in angemessenem Tempo in Wortblöcken diktiert. Auch langsam schreibende Schülerinnen und Schüler müssen die Chance haben, sich auf das Wortmaterial zu konzentrieren. Am Schluss wird das Diktat noch einmal vollständig vorgelesen.

Für besonders rechtschreibschwache Lerngruppen empfiehlt es sich, den Text nicht als gesamten Block zu diktieren. Hier bietet sich die Möglichkeit an, abschnittweise vorzugehen. Den Schülerinnen und Schülern kann zum Beispiel nach einem kleineren Abschnitt jeweils die Möglichkeit gegeben werden, Wörter, deren Schreibweise unklar ist, zu unterstreichen und im Wörterbuch nachzuschlagen. Dieses kann auch in Partnerarbeit geschehen, indem die Rollen des Diktierenden und Aufschreibenden nach jedem Abschnitt getauscht werden. In ähnlicher Weise kann auch mit den 5-Minuten-Diktaten verfahren werden.

Den Schülerinnen und Schülern sollte klar sein, was jeweils als Fehler zählt und welche Korrekturmaßstäbe zugrunde gelegt werden. Hier gibt es neben individuellen Unterschieden auch einige übliche Verfahrensweisen:

1. Mehrere Fehler in einem Wort:	1 Fehler
2. Dasselbe Wort mehrmals in gleicher Weise falsch:	1 Fehler
3. Dasselbe Wort mehrmals in verschiedener Weise falsch:	je 1 Fehler
4. Weggelassene Wörter:	1 Fehler
5. Hinzugesetzte Wörter:	1 Fehler
6. Falsche Trennung:	1 Fehler
7. Satzzeichen (diktiert oder nicht diktiert):	1 Fehler

Die Berichtigung fehlerhaft geschriebener Wörter sollte nicht nach einem einheitlichen Schema erfolgen, sondern nach Möglichkeit den Fehlertyp berücksichtigen und konkrete Hilfen beinhalten. Hier gibt es unterschiedliche Möglichkeiten.

1. Das Wort im ganzen Satz korrigieren, z. B. bei Grammatikfehlern
2. Ableitungen und Verlängerungen von Wörtern bilden lassen, z. B.: „Häuser – Haus“, „Wald – Wälder“
3. Wörterumrisse zeichnen lassen, z. B.: geht – 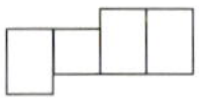
4. Das Wort wiederholt aufschreiben

...

Das Regelwerk erlaubt gelegentlich zwei Schreibweisen. Das gilt auch für die Kommasetzung. In den Texten ist dieses jeweils durch einen Klammerausdruck gekennzeichnet.

Abschließend sei darauf hingewiesen, dass es nicht darum geht, dem Schüler oder der Schülerin zu zeigen, was er oder sie nicht kann, sondern ihm konkrete Hilfen zu geben, wie man zunehmend sicherer mit der Rechtschreibung, die auch von Erwachsenen nicht immer beherrscht wird, umgehen kann. Dazu möchte dieser Band einen Beitrag leisten.

Konsonanten, die gleich oder ähnlich klingen

R Einige Konsonanten klingen in unterschiedlichen Wörtern ähnlich oder gleich.

Die Laute können am Wortanfang stehen.

BEISPIEL *backen – packen*

Sie können im Wortinnern stehen.

BEISPIEL *das Ende – die Ente*

Sie können am Wortende stehen.

BEISPIEL *der Gang – die Bank*

Es gibt einige Hilfen, um die Laute richtig zu schreiben.

R Die Schreibweise von Lauten, die am Wortanfang oder im Wortinnern stehen, kannst du häufig durch deutliches Sprechen herausbekommen.

BEISPIEL *der Garten – die Karten*
die Seite – die Seide

R Die Schreibweise von Konsonanten, die im Wortinnern oder am Wortende stehen, kannst du häufig herausbekommen, indem du das Wort verlängerst oder Wortverwandte suchst.

BEISPIEL *er singt – singen*
er sinkt – sinken
das Blut – bluten
der Stab – die Stäbe

R Manchmal bleibt dir jedoch nichts anderes übrig, als dir die Schreibweise einzuprägen. Wenn du nicht sicher bist, solltest du immer im Wörterbuch nachschauen.

BEISPIEL *viel Spaß – er fiel hin*

5-Minuten-Diktate

g – k

1 Bevor es Flugzeuge gab, dauerte eine Fahrt nach Amerika ganz schön lange. Ein Schiff war eine Woche unterwegs. Heute dauert ein Flug nur noch wenige Stunden.

2 Der schwerste flugfähige Vogel ist der Höckerschwan. Er wiegt bis zu 18 Kilogramm und ist erstaunlich wendig.

3 Eine Katze kann Sprünge aus großer Höhe heil überstehen. Sie lenkt dabei mit dem Schwanz und landet fast immer auf den Pfoten.

4 Geld ist auf der Bank besonders gut aufgehoben. Auch Kinder können bereits ein Konto eröffnen und so einen größeren Betrag für ein Geschenk oder eine andere Anschaffung ansparen.

5 Die einzige Katze, die ihre Krallen nicht einziehen kann, ist der Gepard. Daher ist eine Begegnung mit diesem Tier in freier Wildbahn nicht zu empfehlen.

b – p

6 Jannis hat vor einem Blumengeschäft einen Dieb beobachtet. Der Mann ist blond und hat eine bleiche Gesichtsfarbe. Seine Beschreibung hilft der Polizei später(,) den Dieb zu fangen. Als Belohnung erhält er einen Kinogutschein.

7 Bei einem plötzlichen Brand pumpt die Feuerwehr das Wasser oft aus Flüssen oder Teichen. Die Schlauchleitungen können dabei über mehrere hundert Meter verlegt werden. Von einer Plattform aus steuert ein Feuerwehrmann den Wasserdruck.

8 Eine Fabel ist eine Geschichte, in der sich Tiere wie Menschen verhalten. Wenn man sie liest, kann man etwas über sich lernen. Natürlich bleibt es dem Leser überlassen, ob er die Lehre, die in dem Text enthalten ist, auf sich beziehen will oder nicht.

9 Das arabische Wort für Bettler ist „Fakir“. Darunter versteht man einen Menschen, der körperliche Schmerzen kaum oder gar nicht empfindet. Er kann sich zum Beispiel auf ein Nagelbrett legen oder über glühende Kohlen laufen. Er schafft dieses durch besondere Konzentration und Willenskraft.

d – t

10 Wenn du mit dem Rad zum Schwimmbad fährst, solltest du unbedingt an ein sicheres Schloss denken. Gerade Schwimmbäder ziehen nämlich Fahrraddiebe an. Oft warnt auch ein Schild vor ihnen.

11 Es gehört zu den immer wieder erzählten Märchen, dass ein Krokodil weint, wenn es frisst. Krokodilstränen gibt es also nur in den Geschichten der Menschen und nicht in der Natur.

12 „Der Ball ist rund." Diese Weisheit stammt von dem sehr beliebten Trainer der ersten deutschen Fußballmannschaft, die 1954 Weltmeister wurde. Bekannt ist von ihm auch der Ausspruch: „Ein Spiel hat zwei Halbzeiten."

13 Fledermäuse werden vor allem abends aktiv. Da kann es passieren, dass sie im Sommer durch ein geöffnetes Fenster in ein Zimmer fliegen. Am Tag schlafen sie in Höhlen oder auf Dachböden.

14 Russland ist das größte Land der Welt. Es hat einen europäischen und einen asiatischen Teil. Der größte Teil Russlands liegt in Asien, dennoch ist es auch das größte Land Europas. Seine Hauptstadt Moskau liegt in Europa.

end – ent

15 Am letzten Spieltag schaffte unsere Mannschaft endlich den ersten Sieg. Zum Ende der letzten Spielzeit waren wir Tabellenführer.

16 Vor der Kasse steht eine endlos lange Schlange. Von ganz hinten ruft ein vorwitziges Mädchen: „Können sich bitte alle etwas beeilen, ich bin nämlich völlig am Ende!"

17 Es gibt eine bekannte Fabel; darin muss sich ein Wolf entscheiden, ob er entweder die Freiheit oder das bequeme Leben in Gefangenschaft auf einem Hof will. Der Wolf entscheidet sich für die Freiheit.

18 Damit sich ein Fallschirm in der Luft sicher entfalten kann, muss er am Boden sorgfältig zusammengelegt werden. Dieses geschieht nach einem genau festgelegten Muster. In der entscheidenden Situation muss sich der Springer nämlich auf seinen Schirm verlassen können.

Stadt – statt

19 Es gibt Menschen, die sehr gern in der Stadt leben. Man spricht auch von den Städtern. Es ist jedoch ein großer Unterschied, ob man in einer Kleinstadt oder in einer Großstadt wohnt. Kleinstädte erinnern manchmal noch an ein Dorf.

20 In der Werkstatt seines Großvaters soll in diesem Jahr die Geburtstagsfeier von Lukas stattfinden. Anstatt im Wald herumzutoben, werden Lenkdrachen gebastelt, welche die Kinder später steigen lassen wollen.

v – f – pf

21 Viele Tiere verfügen über ein vererbtes und angeborenes Wissen. Sie vollführen zum Beispiel Bewegungen, die sie nicht von ihren Eltern erlernen müssen. Vielfach bleiben sie auch nur kurze Zeit bei den Muttertieren.

22 Nicht alle Vögel können fliegen. Zu den Vogelarten, die nicht fliegen können, zählen die Pinguine und Strauße.

23 Es gibt Fische, die fliegen können. Sie bewegen sich zwar nicht wie Vögel, jedoch können sie mit Hilfe (mithilfe) ausgestreckter Flossen gleiten.

24 In der Fotografie (Photographie) sind in den letzten Jahren große technische Fortschritte zu verzeichnen. Vor allem das Gewicht und die Größe der Geräte sind enorm vermindert worden. Digitalkameras besitzen zum Teil nur noch die Größe einer Telefonkarte.

25 Besonders bei Mädchen ist der Pferdesport sehr beliebt. Dazu gehört nicht nur das Reiten, sondern auch die Pflege der Tiere und der Koppeln. Immer wieder müssen neue Pfähle in den Boden getrieben werden.

26 Es gibt einige Wörter aus anderen Sprachen, die den Buchstaben v besitzen, der jedoch wie w ausgesprochen wird. Dazu gehören: Vase, Ventil, Vulkan und Lokomotive.

-ig, -lich, -isch

27 Einige Elsternarten bauen merkwürdige Nester. Neugierig umfliegen sie Schrottplätze und suchen Drähte und kleine Metallstücke, aus denen sie ihr eigentümliches Nest herstellen.

28 Hauskatzen liegen gern auf dem Teppich, dösen gemütlich vor sich hin und strecken genüsslich ihre Krallen aus. Sie haben ein sehr empfindliches Gehör.

29 Heimlich hat Julia ihrer Nachbarin den Schwamm auf den Stuhl gelegt. Das ist eigentlich nicht erlaubt und nicht gerade freundlich, weil die Kleidung schmutzig wird. Die Freundin findet den Scherz auch nicht lustig und schwört ewige Rache.

x – chs – ks – gs

30 Auf dem letzten Karnevalsfest hatte sich Maja als Hexe verkleidet, Maria war eine Nixe und Paul ging als Steinzeitmensch mit einer Axt über der Schulter. Für einen kleinen Auftritt vor der Klasse hatten sie extra einen kleinen Text geschrieben und auswendig gelernt.

31 In dem Jugendbuch „Als die Tiere den Wald verließen“ spielen eine Kröte, ein Fuchs und ein Dachs Hauptrollen. Ein Luchs und eine Echse kommen darin nicht vor.

32 Eine wichtige Regel im Straßenverkehr lautet: links gehen, der Gefahr ins Auge sehen.

33 Felix und Daniel sind sonntags oft mit dem Fahrrad unterwegs. Schnell packen sie am Morgen ihre Sachen und radeln dann stundenlang durch die Gegend. Heute besuchen sie ein Faschingsfest.

T1 Warum hat ein Kamel Höcker?

Kamele können **tagelang** ohne Wasser und **Nahrung** auskommen. Sie speichern sehr große **Mengen** Wasser im Magen und Fett in den Höckern. Bei Hunger **schrumpfen** die Höcker **allerdings** zusammen.
Außerdem **sind** die Tiere sehr **ausdauernd** und **genügsam**, was sie zu guten **Transporttieren** in der Wüste **macht**.
Bei den Kamelen unterscheidet **man** zwischen **Trampeltier**, **Dromedar** und **Lama**. Man kann sie an der Höckerzahl **auseinanderhalten**. Das Trampeltier hat zwei, das Dromedar einen und das Lama gar keinen Höcker.
Das Dromedar und das Trampeltier kommen in Afrika und in Asien vor, das Lama nur in **Südamerika**.

Wörter: 97

Notizen:

____

____

____

Ü Trage in die Lücken der folgenden Sätze die passenden Wörter ein. Sie stehen alle im Text oben.

- Kamele können ____________ ohne Wasser und ____________ auskommen.
- Sie speichern sehr große ____________ Wasser im Magen und Fett in den Höckern.
- Bei Hunger ____________ die Höcker ____________ zusammen.
- Bei den Kamelen unterscheidet ________ zwischen ________ ____________, ____________ und ________.
- Man kann sie an der Höckerzahl ________________.
- Das Dromedar und das Trampeltier kommen in Afrika und in Asien vor, das Lama nur in ____________.

T2 Von Hunden und Wölfen

Früher, vor **vielen tausend** Jahren, gab es noch keine **Haushunde**, die bei den Menschen **lebten** oder gar die **Wohnung** mit ihnen teilten. Die **Vorfahren** der Hunde waren Wölfe. Als **Raubtiere** streiften sie durch den **Wald**. Doch nach und nach blieben einige Wölfe in der Nähe der Menschen, weil sie **dort** leichter **Nahrung fanden**.
Wölfe haben **empfindliche** Nasen und gute Ohren. Das erkannten die Menschen und erzogen ihre **wilden** Wölfe zu treuen Wachhunden und Helfern beim Jagen. **Seitdem** leben Hunde und Menschen zusammen. Hunde sind **beliebte** Spielgefährten und **hervorragende** Wächter. Sie erkennen schon **viel früher** als die Menschen, wenn Gefahr **droht**. Mit lautem Bellen schlagen sie Alarm.

Wörter: 106

Notizen:

____

____

____

Ü Verlängere folgende Wörter aus dem Text oben, sodass du heraushören kannst, wie sie am Wortende geschrieben werden.

tausend – T/tausende

Hund – __________

Wald – __________

wild – __________

hervorragend – __________

Wohnung – __________

empfindlich – __________

droht – __________

T3 Dinosaurier der Lüfte

Vor gut 200 Jahren erhoben sich zum ersten Mal Menschen in einem **Luftfahrzeug** vom Boden. Es war **kein Flieger**, wie wir ihn heute kennen, sondern ein Ballon. Der **Jubel** war groß. Denn **endlich** war ein alter Traum der **Menschheit Wirklichkeit geworden**. Man konnte durch die **Luft schweben**.
Aber Ballons **fliegen** nur zu dem **Ort**, wohin der **Wind** sie **treibt**. Deshalb versuchte man(,) Luftschiffe zu bauen, die mit **Gas gefüllt** waren und sich wie Schiffe steuern ließen. Das **gelang** aber erst zu einer Zeit, als **bereits** die ersten **Flugzeuge** ihre unbeholfenen **Flugversuche** machten.
Bald darauf hatten die **wendigen Flugzeuge** die **aufgeblasenen** Luftriesen **verdrängt**. Heute sind Ballons und Luftschiffe **selten** geworden. Neben den modernen **Verkehrsflugzeugen wirken** sie wie freundliche Dinosaurier der Lüfte.

Wörter: 120

Notizen:

____

____

____

Ü In dem Buchstabenquadrat sind waagerecht und senkrecht insgesamt acht von den Wörtern versteckt, die in dem Text oben fett gedruckt sind. Suche sie heraus und zeichne mit einem farbigen Stift einen Kasten darum. Schreibe die Wörter anschließend in der üblichen Form (groß oder klein) neben das Quadrat.

A	F	G	H	K	R	S	T	V	G	H
F	G	U	T	C	H	T	U	E	V	B
W	X	Y	A	B	D	B	R	R	I	E
A	B	C	E	C	A	A	W	D	F	R
G	E	L	A	N	G	L	R	R	H	E
C	D	F	G	H	K	D	S	Ä	M	I
E	N	D	L	I	C	H	T	N	N	T
R	K	W	M	L	I	W	U	G	W	S
U	C	W	N	K	J	H	V	T	G	H
S	R	Y	B	C	H	W	L	U	T	A
T	R	E	I	B	T	Z	T	V	O	R

____

____

____

____

____

____

____

____

T4 Der Baron von Münchhausen

Wem **fällt** beim Namen Münchhausen nicht **sofort** der Lügenbaron ein? In den **Geschichten** über Münchhausen geschehen die **unglaublichsten Dinge**. Aber sie sind doch alle so **erzählt**, als wären sie **tatsächlich** geschehen.
In einer dieser **Geschichten verfolgt** Münchhausen mit seinem **Pferd türkische Soldaten**. Als sie durch das **Stadttor** reiten, **fällt** ein Schutzgatter herunter und **trennt** das Hinterteil von Münchhausens **Pferd** ab. Das halbe **Pferd läuft** mit seinem Reiter weiter, und als er es **schließlich** an einem Brunnen **trinken lässt**, **sprudelt** das Wasser gleich **hinten** wieder heraus.
In Bodenwerder, wo Münchhausen geboren ist, **steht** ein Brunnen, der dieses **unglaubliche Ereignis darstellt**. Die Bürger der **Stadt** haben ihn errichten lassen, um den Lügenbaron zu ehren. Außerdem sollen die Besucher der **Stadt** auf ihn **aufmerksam** werden.

Wörter: 122

Notizen:

Ü Die Wörterschlange enthält mehrere der in dem Text oben fett gedruckten Wörter. Schreibe sie noch einmal unter der Schlange auf.

T5 Wenn der Rattenfänger kommt

Früher **gab** es noch keine **Müllabfuhr**. Müll und Dreck lagen in den **Städten** auf den Straßen herum. Den Ratten **gefiel** das(,) und es **gab regelrechte** Rattenplagen.

Da Ratten schlau und schnell sind, lassen sie sich nicht so **einfach** jagen. Ratten zu fangen und zu töten(,) war früher ein **üblicher** Beruf, den man lernen konnte wie heute Busfahrer, Bäcker oder **Pilot**. Die Rattenfänger kannten **viele** Tricks. Sie stellten Fallen auf und **legten Gift** aus. Weil aber immer die **Gefahr bestand**, dass auch Menschen, Katzen oder ein **Hund** an dem **Gift** starben, war ihre Aufgabe nicht **ganz einfach**. Sie versuchten **deshalb**(,) die Ratten und Mäuse **erst** einmal aus der **Stadt** zu locken. Das geschah zum Beispiel mit einer **besonderen Pfeife** oder indem sie die Stimmen von Ratten nachmachten.

Vielen ist bestimmt die Sage vom „Rattenfänger von Hameln“ **bekannt**. Sie **geht** auf die Rattenplagen in den **Städten** zurück.

Wörter: 145

Notizen:

____

____

____

Ü Verlängere folgende Wörter aus dem Text oben, sodass du heraushören kannst, wie sie am Wortende geschrieben werden.

gab – ____________________

Pilot – ____________________

Gift – ____________________

bestand – ____________________

bekannt – ____________________

ganz – ____________________

Hund – ____________________

T6 Blattläuse und Ameisen

Blattläuse ernähren sich vom **Saft** der **Pflanzen**, die dadurch **langsam** absterben. In ihrer Nähe krabbeln **oft** Ameisen. Was suchen sie **dort**?
Blattläuse sind für **Pflanzen** sehr **schädlich**. Sie stechen ihren **Saugrüssel** in die Blätter und saugen den **Saft** aus. Sie scheiden ein **klebriges**, **süßliches** Mittel aus, das die kleinen Löcher in den Blättern **verstopft**, sodass (so dass) die **Pflanze** nicht mehr **atmen** kann und **allmählich** abstirbt. Ameisen mögen alles Süße und lecken die Ausscheidungen **gern** auf. Als **Gegenleistung** schützen sie die Blattläuse vor **Feinden**.
Früher haben **viele** Gärtner gegen Blattläuse **Gift eingesetzt**, das auch für die **Pflanze schädlich** sein konnte. Heute **bedient** man sich **natürlicher** Mittel, die zum Beispiel aus Brennnesseln **hergestellt** werden. Man kann sie **fertig** im Fachhandel kaufen oder sie selbst aus den Blättern der **Brennnesselpflanzen** zubereiten. Wenn man die befallenen **Pflanzen regelmäßig** damit gießt, werden sie schnell **gesund**. Mit dem Mittel **wird** die Pflanze **nämlich** auch auf **natürliche** Weise **gedüngt**.

Wörter: 152

Notizen:

____

____

____

Ü Verlängere folgende Wörter aus dem Text oben, sodass du heraushören kannst, wie sie am Wortende geschrieben werden.

schädlich – ______________________________

fertig – ______________________________

natürlich – ______________________________

regelmäßig – ______________________________

klebrig – ______________________________

gesund – ______________________________

gedüngt – ______________________________

T7 Afrikanische Elefanten

Elefanten vermehren sich nur sehr **langsam**. Eine **Elefantenkuh bringt** im Laufe ihres Lebens höchstens sieben bis acht **Kinder** zur **Welt**. Die **Trächtigkeit dauert** 20 bis 22 Monate, die **Stillzeit** bis zu zwei Jahre.
Eine **Elefantengeburt** ist ein Ereignis für die **ganze** Herde. Manchmal stellen sich mehrere Tiere um die **werdende** Mutter, als wollten sie ihr Schutz gewähren. Manchmal **sondert** sich die Mutter ab, um ihr **Kind** in Ruhe zur **Welt** zu bringen. Fast immer aber sind **mindestens** zwei Elefantenkühe zur Stelle, die der Mutter beistehen und dem **Jungtier** auf die Beine helfen.
Ein Elefantenbaby **wiegt** bei der **Geburt** zwar **bereits** 100 Kilogramm und ist **knapp** einen Meter hoch, aber im **Gegensatz** zu Mutter, **Tanten** und den älteren Geschwistern **wirkt** es **winzig**. Nach fünf Minuten kann so ein kleiner **Knirps** stehen und nach einer Stunde **bereits** gehen. **Sobald** die Herde weiterzieht, **wird** das Kleine von der Mutter und einer **Tante** in die Mitte genommen.

Wörter: 154

Notizen:

___

___

___

Ü Bei den folgenden Wörtern fehlt jeweils dort ein Buchstabe, wo ein Punkt steht. Es handelt sich nur um Wörter, die in dem Text oben fett gedruckt sind. Trage die fehlenden Buchstaben ein.

E . . . a . t . . k . .

. . n z .

K . n .

. i . z . .

b . . e . t .

T . . . e

T8 Indianer heute

Für die Indianer war die **Entdeckung** Amerikas durch Kolumbus eine bis heute andauernde **Katastrophe**. Ihr **Land** wurde ihnen weggenommen. Viele starben an eingeschleppten **Krankheiten**, durch Hungersnöte, bei Kriegen oder **Zwangsarbeit** (Arbeit, die sie unter **Zwang** für die Weißen verrichten mussten).
Heute leben die Indianer in Nordamerika meist **verarmt** in **Reservaten**. Das sind abgegrenzte Gebiete, die ihnen von der **Regierung** zugewiesen wurden. In Südamerika blieben ihnen als Bauern nur die **unfruchtbaren** Böden. Davon können sie **oft** nicht mehr leben. Sie müssen jede noch so **schlecht** bezahlte (schlechtbezahlte) Arbeit annehmen.
Sogar Kinder müssen dort oft **Schwerstarbeit** verrichten. Ganz wenige Stämme **lebten** lange Zeit **ungestört** in der Tiefe der Regenwälder. Auch sie sind heute jedoch durch **Goldsucher**, Holzfäller und neue **Siedler** bedroht.
Es kommt hinzu, dass die Regenwälder aus **Geldgier vielfach** abgeholzt werden, obwohl weltweit dagegen **protestiert** wird. Das ist nicht nur für die Indianer **katastrophal**, sondern für die ganze **Welt**. Die Regenwälder bilden nämlich die „grüne Lunge" der Erde. *Wörter: 158*

Notizen:

____

____

Ü Schreibe zu den folgenden Wörtern Verlängerungen oder Wortverwandte auf, die dir zeigen, wie der jeweils fett gedruckte Buchstabe geschrieben wird.

Zwan**g**sarbeit: ______________________________

Regierun**g**: ______________________________

le**b**ten: ______________________________

Sie**d**ler: ______________________________

Ü Bei den folgenden Wörtern ist etwas durcheinandergeraten. Schreibe sie neu auf.

atasKophetr: ______________________________

eserRteva: ______________________________

protierentes: ______________________________

T9 Der Mond

Warum kann man in manchen klaren Nächten den **Mond** nicht sehen, obwohl die Sterne am Himmel stehen?
Unsere Erde **befindet** sich auf einer Umlaufbahn um die Sonne. Außerdem **dreht** sie sich einmal am **Tag** um ihre eigene **Achse**. Der **Mond** wiederum **kreist** um die Erde. Er **leuchtet** nicht **selbst**, sondern **wird** von der Sonne beschienen. Wenn es **dunkel** wird, ist die **Erdseite**, auf der du dich **befindest**, von der Sonne **abgewandt**. Wenn der **Mond** auf seiner Umlaufbahn um die Erde auf unserer **Erdseite** ist, können wir ihn sehen. Manchmal steht der **Mond** zwischen Sonne und Erde, also auf der anderen Seite. Dann ist er für uns nicht **sichtbar. Gelegentlich** kann man ihn am **Tage** oder am **frühen Abend** ausmachen.
Auch wenn der **Mond** nicht **scheint**, stehen immer die Sterne am Himmel. Wenn es **trüb** und **regnerisch** ist, ist **natürlich** gar nichts zu sehen.
Sterne, die wir sehen, **gibt** es manchmal schon nicht mehr. Ihre **Lichtstrahlen** benötigen **nämlich** sehr viel Zeit, um auf die Erde zu **gelangen**.

Wörter: 166

Notizen:

Ü Zeichne wie in dem Beispiel die Umrisse folgender Wörter.

Tag 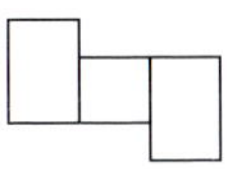

Abend 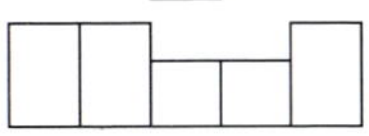

Achse

gibt

abgewandt

nämlich

Mond

Vokale und Doppellaute, die gleich oder ähnlich klingen

Die Laute ä und e

R Man schreibt den Umlaut **ä**, wenn es von dem Wort Verwandte gibt, die mit **a** geschrieben werden.

BEISPIEL *älter* – *alt*
prächtig – *die Pracht*
der Stängel – *die Stange*

Achtung! Umlaute werden nicht verdoppelt.

BEISPIEL *Haar* – *Härchen*
Paar – *Pärchen*

Zur Schreibweise des langen e-Lautes vergleiche auch das Kapitel „Dehnung" (S. 37).

R Manchmal hilft es auch, deutlich zu sprechen oder auf die Wortbedeutung zu achten.

BEISPIEL *die Bären* – *die Beeren*
die Lärche (Nadelbaum) – *die Lerche (Vogel)*
wieder (noch einmal, zurück) – *wider (gegen)*

Die Doppellaute äu – eu

R Den Doppellaut **äu** schreibt man, wenn es Wortverwandte mit **au** gibt.

BEISPIEL *die Mäuse* – *die Maus*
die Säure – *sauer*

R Sind keine Wortverwandte mit **au** zu finden, schreibt man das Wort fast immer mit **eu.**

BEISPIEL *die Beute*
schleudern
teuer

Die Laute ai und ei

R Wörter, die mit **ai** geschrieben werden, musst du dir einprägen. Dafür gibt es keine Regel.

BEISPIEL *der Hai, der Kai, der Kaiser, der Laib (Brot), der Laie, der Laich, der Mai, Mailand, Mainz, der Mais, die Saite (Gitarre), der Taifun*

5-Minuten-Diktate

ä – e

1 Butterblumen stehen vor allem an Wiesenrändern und in trockenen Gräben. Ihre prächtigen Blüten besitzen fünf leuchtende Blätter.

2 Als älteste Bilder werden Höhlenmalereien angesehen, die in der Steinzeit vor etwa 35 000 bis 40 000 Jahren von Jägern in Südfrankreich geschaffen wurden.

3 Der längste Boxkampf, der zwischen zwei Kämpfern mit Boxhandschuhen ausgetragen wurde, dauerte sieben Stunden.

4 Der südamerikanische Ameisenbär ist ein richtiger Ameisenjäger. Mit seinen kräftigen Krallen gräbt er den Ameisenhügel auf und leckt die Tiere mit seiner klebrigen Zunge auf. Auch manche Vögel ernähren sich gelegentlich von Ameisen.

5 Der am weitesten verbreitete Nadelbaum der Welt ist nicht die Lärche. Es ist die Kiefer, die vor allem in nordischen Ländern sehr beliebt ist. Die älteste Kiefer steht in einem Nationalpark in Kalifornien. Ihr Alter wird auf 5 000 Jahre geschätzt.

6 An der Form von Vogelschnäbeln kann man erkennen, wovon sich die jeweiligen Tiere ernähren. Die Schnäbel sind so geformt, dass sich die Vögel in ihrem Lebensraum zweckmäßig Nahrung besorgen können.

7 Wusstest du, dass auch Fische regelmäßig Schlaf brauchen? Sie können allerdings nicht ihre Augen schließen. Sie haben nämlich keine Augenlider.

8 Kaktusgewächse können in ihren Stämmen Wasser speichern und wachsen deshalb auch in Wüsten und Steppen. Es gibt Kakteen, die essbare Früchte tragen. Die meisten Gewächse dieser Art haben Blattdornen, mit denen sie sich gegen Tiere schützen.

9 Wenn du eine Erkältung hast, kannst du diese mit Kamille bekämpfen. Aus Kamille kannst du Tee kochen. Den kannst du trinken(,) oder du kannst seine Dämpfe einatmen oder Umschläge damit machen. Die Kamille ist einjährig. Das bedeutet, dass sie jedes Jahr neu aus Samen wächst.

10 Wichtig ist, dass du regelmäßig deine Zähne putzt. Jeder Zahn besitzt eine harte äußere Schutzschicht, die von Fäulnisbakterien angegriffen werden kann. So kommt es zu Karies. Wichtig sind auch eine gesunde Ernährung und ein regelmäßiger Besuch beim Zahnarzt.

11 Wusstest du, dass deine Lunge aus unzähligen kleinen Bläschen besteht, die von Blutgefäßen umschlossen sind? Beim Einatmen nehmen die Blutgefäße Sauerstoff aus der Luft auf, der von dort in die Körperzellen transportiert wird.

äu – eu

12 Bei einem Gewitter sind Bäume und Gebäude besonders gefährdet, wenn sie allein stehen. Menschen sollten in ihren Häusern bleiben und auf keinen Fall unter Bäumen Schutz suchen.

13 Das Fliegen gehörte schon immer zu den größten Menschheitsträumen. Die ersten Versuche endeten jedoch häufig mit einer Bruchlandung.

14 Läufst du an Wiesenzäunen entlang, kann es dir passieren, dass Kühe deinen Lauf begleiten. Sie sind nämlich sehr gesellig und möchten dir einen Platz in ihrer Herde einräumen.

15 Viele Leute lassen heute wieder ihr Haus mit Efeu bewachsen. Das spart Energie und ist nicht so teuer wie ein Anstrich. Naturliebhaber freuen sich darüber sehr, weil dort Insekten und andere Tiere leben können.

16 Die Eule gehört zu den gefährdeten Vogelarten, weil sie immer seltener geeignete Nistplätze findet. In Deutschland gibt es deshalb heute viele Umweltschützer, die an geeigneten Orten Eulenkästen aufhängen.

17 Wenn bei Neuschnee oder Tauwetter große Schneemassen an Berghängen herunterrutschen, spricht man von einer Lawine. Lawinen können ganze Wälder, Häuser oder Dörfer unter sich begraben. Von einer Steinlawine spricht man, wenn nach Frostnächten oder starkem Regen Geröll und feuchte Erde am Berghang abrutschen.

18 Gewässer mit Korallenriffen sind besonders dicht besiedelt und gehören zu den artenreichsten Lebensräumen der Erde. Die hier lebenden Fische haben eine ungeheure Vielfalt an Farben und Formen entwickelt.

ai – ei

19 Wenn ein Tausendfüßler geboren wird, besitzt er nur drei Beinpaare. Die übrigen Beine wachsen erst einige Zeit später. Es gibt jedoch keine Art, die tatsächlich tausend Beine hat. Der Rekord steht angeblich bei 710 Beinen.

20 Haie sind wahrscheinlich die am wenigsten verstandenen Geschöpfe des Tierreichs. Sie sind angeblich groß, gefährlich und Feinde des Menschen. In Wirklichkeit sind viele Arten klein und harmlos. Dem Menschen gegenüber können sie sogar zutraulich sein.

21 Eine alte Sage erzählt, dass die Seide von einer chinesischen Kaiserin entdeckt wurde. Tatsächlich konnten drei Jahrtausende lang nur die Chinesen Seide spinnen und verarbeiten.

22 Der Mai gilt als besonders gefährliche Jahreszeit, weil die Bäume ausschlagen.

23 Bestimmt weißt du, dass man aus Mais Popcorn herstellen kann. Man spricht auch von „Puffreis“. Mais stammt aus Südamerika und wurde dort bereits 5 000 Jahre vor Christus angebaut. Eine Maispflanze wird bis zu zwei Meter hoch und trägt ein bis zwei Kolben mit Körnern.

T10 Die ersten Schiffe

Die ersten Schiffe bestanden aus zusammengebundenen **Baumstämmen**. Sie waren nicht wasserdicht, schwammen aber trotzdem sehr gut.
Die ersten wasserdichten Fahrzeuge waren die Kanus oder **Einbäume**. Das waren **Baumstämme**, die mit einfachen **Werkzeugen** bearbeitet wurden. Innen waren sie hohl. **Später** nahm man auch **Tierhäute** und Baumrinde und baute daraus einfache Schiffe. Bei den ersten richtigen Schiffen bestanden die **Schiffsbäuche** aus Holzplanken. Es waren Ruderboote. Sie wurden am Anfang mit Paddeln und **später** mit Rudern fortbewegt. Solche Boote wurden **häufig** auch von Indianern gebaut. Sie waren **nämlich** sehr schnell und konnten gut zum Fischen benutzt werden. Die Fahrt darin war allerdings nicht **ungefährlich**. Die Boote konnten schnell umkippen.
Häufig sind Boote dieser Art auf Ausstellungen über das Leben der Indianer zu sehen.

Wörter: 120

Notizen:

____

____

____

Ü Schreibe neben die folgenden Wörter eine verwandte Form, die deutlich macht, wie das jeweilige Wort geschrieben wird.

Baumstämme – ____________________

Einbäume – ____________________

Tierhäute – ____________________

Schiffsbäuche – ____________________

häufig – ____________________

gefährlich – ____________________

T11 Hauswände aus Blättern

Weil es in den Tropen niemals richtig kalt wird, braucht man dort keine **Häuser** mit dicken **Wänden** und Heizungen gegen die **Kälte**.
Auf den kleinen Inseln vor Madagaskar baut sich jede Familie ihre Hütte selbst. Die **Wände** werden aus zusammengeflochtenen **Blättern** der Bananenstaude angefertigt. Die **Dächer** werden mit Zweigen der Kokospalme gedeckt. Damit keine Ratten und Krabben in die Hütten eindringen können, werden sie auf **Pfählen** errichtet.
Die Hütte besteht aus einem einzigen Raum. Mehrere **Räume** sind nicht nötig. Die Bewohner kommen erst am Abend ins Haus. Sie schlafen auf geflochtenen Bastmatten. Es gibt in diesen Hütten kein fließendes Wasser. Waschen kann man sich im Meer und Trinkwasser aus Brunnen und Quellen holen.

Wörter: 113

Notizen:

____

____

____

Ü Schreibe neben die folgenden Wörter eine verwandte Form, die deutlich macht, wie das jeweilige Wort geschrieben wird.

Häuser – ____________________

Wände – ____________________

Kälte – ____________________

Blätter – ____________________

Pfähle – ____________________

Räume – ____________________

T12 Warum wir niesen

Warum müssen wir oft niesen, wenn wir **erkältet** sind? Die Luft, die wir einatmen, ist erfüllt von winzigen Staubteilchen, die für unsere Lungen **schädlich** sind. Darum ist unsere Nase mit kleinen **Härchen** ausgekleidet, an denen die Staubteilchen **hängen** bleiben.
Wir fühlen die Staubteilchen nicht. Doch wenn etwas Größeres, zum Beispiel eine Mücke, die **Härchen** der Nase berührt, fangen sie an(,) sich zu bewegen. Dann kitzelt es in der Nase(,) und wir müssen niesen. Unser Körper will **nämlich** den **lästigen** Eindringling loswerden.
Wenn wir **erkältet** sind, ist mehr Schleim in der Nase als sonst. Er **hängt** in Tröpfchen in den kleinen **Härchen**, die anfangen(,) sich zu bewegen. Wir spüren ein Prickeln und müssen niesen.

Wörter: 113

Notizen:

Ü Zeichne wie in dem Beispiel die Umrisse folgender Wörter.

erkältet – 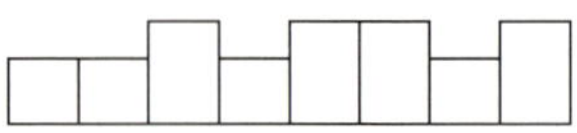

schädlich –

hängen –

nämlich –

lästig –

Härchen –

T13 Föhn

In den Alpen weht **häufig** mitten im Winter ein **kräftiger**, warmer Südwind. Er **fällt** aus den Gebirgen herab auf das Alpenvorland und **lässt** die Lufttemperatur um 10 Grad ansteigen.
Gleichzeitig mit dem Ansteigen der Lufttemperatur sinkt die **Luftfeuchtigkeit**, dazu sind eigenartige Wolkenformen zu beobachten. Die Luft wirkt ungewöhnlich durchsichtig, die Landschaft **färbt** sich blauviolett. Es stürmt oft so **mächtig**, dass **Bäume** und Masten umgeknickt und **Dächer** abgedeckt werden. Das plötzlich einsetzende Tauwetter kann zu **gefährlichen** Überschwemmungen in den Flussgebieten führen.
Auf den Menschen wirkt der Föhn so, dass man von einer Föhnkrankheit spricht. Wer sie hat, ist niedergeschlagen, reizbar und unkonzentriert. Viele bleiben in dieser Zeit in ihren **Häusern** und vermeiden Anstrengungen. **Ärzte** haben mehr zu tun als sonst. Die Polizei meldet sogar ein **häufigeres** Auftreten von **Autounfällen**.

Wörter: 128

Notizen:

____

____

Ü Schreibe neben die folgenden Wörter eine verwandte Form, die deutlich macht, wie das jeweilige Wort geschrieben wird.

häufig – der Haufen

kräftig – ____________________

fällt – ____________________

lässt – ____________________

färbt – ____________________

mächtig – ____________________

gefährlich – ____________________

Häuser – ____________________

Ärzte – ____________________

T14 Die Spuren des Rattenfängers

Sehr bekannt ist die Sage vom **Rattenfänger. Heute** erinnert noch vieles in Hameln an diesen Mann. Die **älteste** Darstellung der **rätselhaften** Geschichte ist auf einem Kirchenfenster zu sehen. Viele Jahre **später** hat man ein Glockenspiel gebaut, bei dem sich um Punkt zwölf Uhr der **Rattenfänger**, die Kinder und die Ratten zeigen.
Rattenfänger gibt es **heute** wie damals. Aber **heute** heißen sie **Kammerjäger** oder **Schädlingsbekämpfer**. Der **Kammerjäger** kennt Gifte, die nur für Ratten **gefährlich** sind und sie ohne Schmerzen sterben lassen. Er wickelt das Gift in kleine Futterstücke und legt diese in **Kästen**. Sie sind so eng, dass andere Tiere nicht an das Futter gehen können.
Zu allen Zeiten hat man aber auch versucht(,) Ratten in verschiedenen Arten von Fallen und Schlingen zu fangen. Das ist jedoch **Tierquälerei**, weil die Ratten **nämlich** langsam und mit Schmerzen sterben.

Wörter: 136

Notizen:

____

____

____

____

____

Ü Bei welchem der folgenden Wörter kannst du die Schreibweise nicht erklären, indem du verwandte Wörter oder Wortformen suchst? Zeichne einen Kasten um dieses Wort.

älteste, Rattenfänger, gefährlich, Kästen, heute,

Kammerjäger

T15 Groß am Morgen, klein am Abend

Jeden Abend misst du etwa zwei Zentimeter weniger als am Morgen. Warum? Zwischen den einzelnen Wirbeln deiner **Wirbelsäule** befinden sich Scheiben aus weichem Knorpel: die Bandscheiben. Sie machen ein Viertel der **Gesamtlänge** der **Wirbelsäule** aus und wirken als **Stoßdämpfer**, die **Wirbelsäule** und Gehirn vor **gefährlichen** Erschütterungen schützen. Knorpel ist sehr beweglich. Am Ende eines Tages **lässt** seine Beweglichkeit jedoch immer mehr nach. Die Bandscheiben sind etwas dünner geworden(,) und die Wirbel liegen etwas dichter zusammen. Die **Wirbelsäule** ist darum kürzer geworden. Im Schlaf entspannen sich die Bandscheiben **ähnlich** wie die Muskeln und nehmen wieder ihre normale Größe an. Darum bist du am Morgen wieder normal groß.
Wusstest du, dass wegen der Bandscheiben Astronauten manchmal fünf Zentimeter größer sind, wenn sie von ihren **gefährlichen** Ausflügen aus dem All zur Erde zurückkehren? Das liegt **nämlich** daran, dass die Knorpelscheiben sich in der Schwerelosigkeit wie **Schwämme** ausdehnen.

Wörter: 144

Notizen:

____

____

____

Ü Die Wörterschlange enthält mehrere der in dem Text oben fett gedruckten Wörter. Schreibe sie noch einmal unter der Schlange auf.

____

____

____

____

T16 Tiere vor Gericht

Im Jahre 1516 reichten französische Bauern bei Gericht eine Klage gegen Raupen ein, die ihre **Obstbäume** vernichteten. Die Raupen wurden **tatsächlich** verurteilt. Gab es noch andere Prozesse gegen Tiere?
Im Mittelalter kam es **häufig** vor, dass Tiere vor Gericht gestellt wurden. Sie hatten sogar ein Anrecht auf einen Anwalt. In Frankreich wurde 1314 ein Stier zum Tode verurteilt. Er hatte nach Zeugenaussagen einen Menschen getötet. 1457 wurde ein Schwein **erhängt**, weil es angeblich für den Tod eines Kindes verantwortlich war. Ein Jahrhundert **später** holte man Ratten vor den Richter, weil sie in **Häusern** und **Scheunen** Schaden anrichteten. Erschienen die Ratten nicht vor Gericht, **erklärte** ihr Anwalt, das sei wegen der Katzen. Das Gericht hatte dann dafür zu sorgen, dass alle Katzen aus dem Viertel verschwanden.
Prozesse gegen Tiere waren damals **häufig**. Alte Schriftstücke, die erhalten geblieben sind, **zeugen** davon.
Heute ist man **aufgeklärter** und weiß, dass Tiere für ihr Verhalten nicht wie ein Mensch verantwortlich gemacht werden können.

Wörter: 158

Notizen:

____

____

Ü In dem Buchstabenquadrat sind waagerecht und senkrecht sieben von den Wörtern versteckt, die in dem Text oben fett gedruckt sind. Suche sie heraus und zeichne mit einem farbigen Stift einen Kasten darum. Schreibe die Wörter anschließend in der üblichen Form (groß oder klein) neben das Quadrat.

H	Ä	U	F	I	G	J	I	E	H	S
A	B	H	S	D	E	F	Z	R	G	P
K	M	Ä	R	S	Y	A	E	K	B	Ä
L	N	U	T	V	W	X	U	L	C	T
O	P	S	F	E	R	Q	G	Ä	D	E
B	C	E	G	B	S	P	E	R	E	R
A	D	R	H	W	T	A	N	T	F	G
Z	E	K	J	L	M	N	P	E	H	I
S	C	H	E	U	N	E	N	O	J	K
Y	X	W	V	U	T	S	R	N	M	L
T	A	T	S	Ä	C	H	L	I	C	H

T17 Sonnenkraft

Wusstest du, dass der Mensch fast seine gesamte **Energie** von der Sonne bezieht?
Die Sonne schickt **lebenspendende (Leben spendende) Wärme** und Lichtstrahlen auf die **Erde**. Weitere **Energie** entsteht beim Verbrennen von Kohle, Erdöl und anderen Brennstoffen in Kraftwerken und bei der Nutzung von Wasser in **Wasserkraftwerken**.
Diese **zusätzliche Energie** stammt aber auch von der Sonne. Brennstoffe wie Kohle, Öl und Holz stammen alle von **Lebewesen**. Kohle und **Erdöl** sind **Überreste** von Pflanzen und Tieren, die vor vielen Millionen Jahren lebten. Alle Lebewesen **hängen** von der Sonne ab. Deshalb sind diese Brennstoffe Ablagerungen von **Sonnenenergie**. Das Wasser in einem Stausee oder Fluss, die ein **Wasserkraftwerk** versorgen, **fällt** als **Regen** in den **Bergen**. Dorthin gelangt es, weil es vom Land oder vom Meer als Wasserdampf in die Luft aufsteigt. Dazu braucht das Wasser **Wärme**(,) und diese **Wärme** kommt von der Sonne. Das Wasser speichert also auch **Sonnenenergie**.
Nur eine bedeutende **Energiequelle** stammt nicht von der Sonne, **nämlich** die **Kernenergie**, die aus in der **Erdkruste** lagernden **Kernbrennstoffen** erzeugt wird.

Wörter: 164

Notizen:

____

____

Ü Trage jeweils fünf passende Wörter, die in dem Text oben fett gedruckt sind, in die Spalten der Tabelle ein.

Wörter mit ä	Wörter mit e

T18 Tee

Die Chinesen bereiteten bereits vor 1500 Jahren aus **Blättern** des Teestrauchs ein beruhigendes **Getränk** zu, den Tee.
Erst um 1600 kam der Tee nach **Europa**. **Heutzutage** wird Tee vor allem in Asien und Südamerika angebaut. Nach dem Ernten der **Teeblätter lässt** man diese **welken**, danach werden sie gewalzt, damit die **Zellen** zerreißen und die Umwandlung zu dem **wohlschmeckenden (wohl schmeckenden)** Teearoma stattfinden kann. Dann werden die **Blätter** getrocknet und zerkleinert.
Aber nicht nur aus den **Blättern** des Teestrauchs, sondern auch aus getrockneten **Kräutern**, Blüten und Früchten kann man Tee zubereiten.
Tee kann sowohl **anregend** wirken als auch beruhigend. Das **hängt** auch davon ab, wie lange man ihn ziehen **lässt**. Bei verschiedenen Krankheiten wird er wie eine Medizin **eingesetzt** und unterstützt den Heilungsprozess.
In manchen **Ländern**, zum Beispiel in England, trinken die Menschen viel mehr Tee als Kaffee. Hier gehört es zu den uralten **Bräuchen**, zu bestimmten Tageszeiten eine Tasse Tee mit Milch, Zucker oder Zitrone zu trinken.
Vielleicht kommst du ja auch auf den Geschmack. Probiere es aus.

Wörter: 167

Notizen:

____

____

____

Ü Trage in die folgenden Sätze die fehlenden Wörter ein. Sie stehen alle im Text oben.

- Die Chinesen bereiteten bereits vor 1500 Jahren aus ____________ des Teestrauchs ein beruhigendes ____________ zu, den Tee.
- Erst um 1600 kam der Tee nach ____________.
- ____________ wird Tee vor allem in Asien und Südamerika angebaut.
- Nach dem Ernten der ____________ ____________ man diese ____________, danach werden sie gewalzt, damit die ____________ zerreißen und die Umwandlung zu dem ____________ Teearoma stattfinden kann.
- Dann werden die ____________ getrocknet und zerkleinert.

T19 Im Hamburger Hafen

Eine Fahrt mit **einem** **kleinen** Boot durch den Hamburger Hafen ist sehr **erlebnisreich**. Die ganze **Zeit** über schaukelt das **kleine** Schiff ganz schön. Aber seekrank ist **keiner** geworden.
Vor allem die Besichtigung der großen **Speicher** ist **beeindruckend**. Waren aus allen **Teilen** der Welt lagern hier. **Seide** und **Reis** aus dem ehemaligen **Kaiserreich** China, **Mais** aus Argentinien, Gewürze aller Art und noch viele andere Dinge. Sogar **Eier** werden angeblich hier gelagert.
Der Kapitän des **kleinen** Bootes **zeigt** auch die Tankstellen der großen Frachtschiffe. Weiter geht die Fahrt **vorbei** an **einigen** Segelschiffen. Ihre mächtigen **Eichenmasten** sind über 15 Meter lang. An **einem** Schiff werden gerade die Segel **eingeholt**. Nun fahren wir an **einem** Frachtschiff **vorbei**, welches gerade **einen** neuen Anstrich bekommt. Die Schiffsschraube ist so groß wie ein **Kleinwagen**.
Nach **einer** Stunde ist die Fahrt **leider** beendet(,) und das Schiff legt wieder am **Hafenkai** an.

Wörter: 143

Notizen:

____

____

____

Ü Trage jeweils drei passende Wörter, die in dem Text oben fett gedruckt sind, in die Spalten der Tabelle ein.

Wörter mit ei	Wörter mit ai

T20 Wer hat die Seide entdeckt?

Eine alte chinesische Sage **schreibt** die Entdeckung der **Seide** einer **Kaiserin** gegen 2700 vor Christus zu. Sie wollte herausfinden, wer die **kaiserlichen** Maulbeerbäume kahl fraß (kahlfraß), als sie wurmähnliche Wesen, die Blätter verputzten, und schimmernde Kokons fand.
Aus Versehen fiel ihr ein Kokon in **heißes** Wasser(,) und sofort löste sich vom Kokon eine glänzende Masse Fäden. Die Wesen waren **Seidenraupen**, die Raupen des **Seidenspinners. Drei** Jahrtausende lang konnten nur die Chinesen **Seide** spinnen und **verarbeiten**. Andere Länder flehten sie um das **Geheimnis** an, aber die Chinesen **weigerten** sich(,) es **preiszugeben**.
Wohlhabende Europäer importierten **Seide** aus China. Händler brachten sie auf der sogenannten (so genannten) **Seidenstraße** über den Himalaja und Persien, dem heutigen Iran, nach Europa. Schließlich entrissen zwei christliche Mönche, die der **Kaiser** Justinian um 550 ausschickte, den Chinesen das **Geheimnis**.
Die Mönche wanderten mit schweren Bambusstöcken, in denen sie **einige Seidenspinnereier** und Samen des Maulbeerbaums, von denen sich die Raupen ernähren, versteckten. Auf diese **Weise** konnte endlich auch in Europa **Seide** hergestellt werden.

Wörter: 161

Notizen:

Ü Zeichne wie in dem Beispiel die Umrisse folgender Wörter.

schreiben – 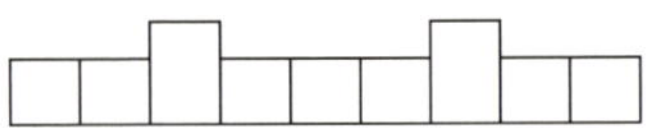

Seide –

Geheimnis –

Weise –

eine –

Kaiserin –

Lange Vokale (Dehnung)

R Lang ausgesprochene Vokale (Selbstlaute) können auf unterschiedliche Weise geschrieben werden, mit einfachem Vokal ohne Dehnungszeichen, mit dem Buchstaben **h** als Dehnungszeichen oder mit doppeltem Vokal.

1. Lang ausgesprochene Vokale ohne Dehnungszeichen

BEISPIEL

der Graben	*rasen*	*gut*
der Kran	*leben*	*grün*
das Blut	*toben*	*mutig*

Die Vor- oder Nachsilben **ur-, -bar, -sam, -sal, -tum** werden immer ohne Dehnungs-h geschrieben.

BEISPIEL *der Urwald, dankbar, einsam, das Schicksal, das Rittertum*

2. Der Buchstabe h als Dehnungszeichen

BEISPIEL

der Lohn	*wählen*
der Strahl	*dehnen*
das Ohr	*zahlen*

Vom **Dehnungs-h** kann man das **silbentrennende h** unterscheiden. Im Gegensatz zum Dehnungs-h kann man dieses bei genauem Sprechen in bestimmten Wortformen hören.

BEISPIEL *ge-hen*
nä-hen
ru-hen

3. Vokalverdopplung

BEISPIEL

aa	*ee*		*oo*
der Aal	*das Beet*	*leer*	*das Boot*
das Haar	*die Beere*	*das Meer*	*das Moor*
das Paar	*die Fee*	*die Seele*	*das Moos*
der Saal	*der Kaffee*	*der See*	*der Zoo*
der Staat	*der Klee*		

Achtung! *das Haar – das Härchen*
das Boot – das Bötchen

Der lang ausgesprochene i-Laut

R Der lang ausgesprochene **i-Laut** kann ebenfalls auf unterschiedliche Weise geschrieben werden. Oft wird **ie** geschrieben, in einigen Fällen **ih, ieh** oder **i**.

1. Wörter mit ie

Am häufigsten schreibt man den lang ausgesprochenen i-Laut **ie**.

BEISPIEL

die Liebe	*liegen*
das Knie	*schmieren*
das Lied	*verlieren*

2. Wörter mit ih

Mit **ih** schreibt man nur einige Pronomen (Fürwörter).

BEISPIEL *ihr, ihm, ihn, ihnen*

3. Wörter mit ieh

Einige Wörter werden mit **ieh** geschrieben. Dazu zählen auch einige Verbformen.

BEISPIEL *das Vieh, er zieht (ziehen), flieht (fliehen), sieht (sehen), es geschieht (geschehen)*

4. Wörter mit einfachem i

Vor allem in Fremdwörtern oder Wörtern, die einer anderen Sprache entlehnt sind, schreibt man den lang ausgesprochenen i-Laut mit einfachem **i**.

BEISPIEL

Tiger	*Mandarine*	*Bibel*	*Kaninchen*
Klima	*Apfelsine*	*Kino*	*Margarine*
Biber	*Maschine*	*Benzin*	*Gardine*

5-Minuten-Diktate

Vokale ohne Dehnungszeichen, Vokale mit Dehnungs-h

1 Ein Tag ist der Zeitraum, den ein Planet benötigt, um sich einmal um seine eigene Achse zu drehen. Auf dem Planeten Venus dauert ein Tag deshalb 342 Erdentage.

2 Tag und Nacht sind auf dem Planeten Venus sehr lang. Der Planet Jupiter dreht sich in etwas weniger als zehn Stunden einmal um seine eigene Achse. Ein Tag ist dort also kürzer als bei uns.

3 An der französischen Küste gibt es Dünen, die über 100 Meter hoch sind. Sie wandern mit der sehr hohen Geschwindigkeit von 25 Metern im Jahr ins Landesinnere.

4 Auch am Südpol, wo es immer sehr kalt ist, gibt es einen Sommer. Die Strahlen der Sonne erreichen den Pol jedoch nur sehr schräg. Daher bleiben die Temperaturen eisig.

5 Wer anderen eine Grube gräbt, muss einen guten Spaten besitzen und darauf achten, dass er nicht selbst hineingleitet.

6 Wenn du abnehmen möchtest, musst du auf einen sehr hohen Berg steigen. Oben ist nämlich die Anziehungskraft der Erde geringer(,) und du bist dadurch ein wenig leichter.

7 Die Giraffe ist das höchste Tier der Welt. Sie könnte ohne Probleme über einen Doppeldeckerbus schauen. In der Natur kann sie die Blätter von Bäumen, die über sechs Meter hoch sind, abweiden.

8 Früher besaßen Schuhe und Stiefel nur einen Reißverschluss. Erst später benutzte man Schnürbänder, die verknotet werden und so die Schuhe am Fuß festhalten.

9 Vögel haben ein besonders gutes Gehör. So kann die Amsel zum Beispiel hören, wenn Regenwürmer unter der Erde graben.

10 Vögel können auch sehr gut sehen. So können Greifvögel zum Beispiel kleine Säugetiere, Käfer oder Würmer aus einer Höhe von zehn Metern sehen. Im Sturzflug greifen sie dann ihre Beute.

Doppelte Vokale

11 Das Wasser in den Meeren und Seen ist in den letzten Jahren immer schmutziger geworden. Hier muss schnell etwas geschehen, damit auch unsere Nachkommen in einer sauberen Welt leben können.

12 Aale werden auf dem Wochenmarkt manchmal nicht auf einer Waage gewogen, sondern nach ihrer Länge verkauft. Mit lautem Geschrei preist der Verkäufer dann die Fische an.

13 Wenn eine Straße geteert wird, erledigt eine große Maschine mehrere Arbeitsgänge auf einmal. Dabei entstehen unangenehm riechende Dämpfe, die nach dem Abkühlen jedoch schnell wieder verfliegen.

14 Es gibt sehr viele unterschiedliche Teesorten. Manche wirken anregend, andere beruhigend. Früchtetee enthält häufig die Blätter unterschiedlicher Beerensträucher.

15 Tiere fühlen sich im Zoo häufig nicht wohl. In freier Wildbahn sind sie viel besser aufgehoben, weil sie dort ihren natürlichen Gewohnheiten nachgehen können.

16 Moos ist ein sehr anspruchsloses Gewächs. Man findet es beinahe überall, in Wäldern, Mooren, auf Felsen und an vielen anderen Plätzen.

17 Anna hat sich auf einen feuchten Schwamm gesetzt. Das findet sie doof. Nun versucht sie herauszubekommen, wer ihn ihr auf den Stuhl gelegt hat.

i-Laute

18 Viele Menschen können sich beim Lesen besonders gut entspannen. Sie vertiefen sich so sehr in die Geschichten, dass sie alles andere vergessen. Dieses hast du bestimmt auch schon einmal erlebt.

19 Wenn Riesen niesen, benötigen sie viele Taschentücher. Zur Erholung legen sie sich anschließend oft auf grüne Wiesen.

20 Eine griechische Sage handelt von dem Riesen Atlas. Er muss riesige Kräfte gehabt haben, weil er die Erde auf seinen Schultern trug. Sie wiegt nämlich nach Berechnungen 5 976 Millionen von Millionen von Millionen Tonnen.

21 Wenn du ein Loch in die Erde gräbst, solltest du nicht so tief buddeln. Die Temperatur im Inneren der Erde beträgt nämlich 5 000 Grad Celsius.

22 Vielleicht denkst du, dass die Farben der Blumen auf den Wiesen nur für den Betrachter da sind. Das stimmt nicht. Sie sollen die Bienen anlocken, die sich von dem Nektar der Blüten ernähren und den Honig produzieren.

23 Die Weltmeere enthalten so viel Salz, dass man die ganze Erde mit einer 150 Meter dicken Salzschicht überziehen könnte.

24 Mark Twain war angeblich der erste berühmte Schriftsteller, der eine Schreibmaschine benutzte. Davor schrieben die Autoren mit der Hand.

25 Wusstest du, dass das Gefieder eines Vogels mehr wiegt als seine Knochen? Bei einem größeren Knochengewicht könnte der Vogel nicht fliegen. Damit die feinen Knochen nicht brechen, sind sie innen mit Stützstreben ausgestattet.

26 Die Riesenkrake hat die größten Augen der Welt. Ihr Durchmesser beträgt etwa 40 Zentimeter. Man nimmt an, dass sie diese großen Augen braucht, um in der dunklen Tiefe des Meeres etwas wahrnehmen zu können.

T21 Frühling am Stadtsee

Heute ist das Wetter besonders **schön**. Nach drei Wochen mit **Regen, Hagel** und sogar **Schnee** scheint endlich die Sonne. Die Hauptstraßen sind **leerer** als sonst. **Viele** Menschen sind mit dem **Fahrrad** unterwegs. Einige Kinder **fahren** mit Inlinern durch den Park. Sie treffen sich an einer Rampe und springen **sehr mutig** herab.
Die weiten **Wiesen** am **Stadtsee** sind noch überschwemmt, die **Ufer** sind **moorig**, das **Moos** ist voller Nässe. Aber **schon blühen** am **Wege** die ersten **Blumen**. Ein Angler **teert** sein **Boot**. Im **nahen Streichelzoo** werden die Zäune **repariert**. Ein **Meerschweinchen** entwischt gerade aus seinem **Käfig**. Das ist nicht schlimm. Ein kleines Mädchen nimmt es auf und bringt es zurück.
Das Schwimmbad am **See** erhält **gerade** einen neuen Anstrich. Bald öffnet es wieder.

Wörter: 122

Notizen:

____

____

Ü Bei den folgenden Wörtern fehlt jeweils dort ein Buchstabe, wo ein Punkt steht. Es handelt sich nur um Wörter, die in dem Text oben fett gedruckt sind. Trage die fehlenden Buchstaben ein.

S c h n e e

S t a d t s e e

t e e r t

M e e r s c h w e i n c h e n

B o o t

m o o r i g

M o o s

S t r e i c h e l z o o

T22 Freunde auf vier Pfoten

Hunde sind **die** treuesten Begleiter des Menschen. **Sie** sind anhänglich, gehorsam(,) und **sie** lernen eine Menge.
Hunde haben **sehr gute Ohren** und **Spürnasen**. Darum werden viele von **ihnen** als Wachhunde gehalten. Sie **hören** viel **früher** als Menschen, ob ein Fremder kommt. Dann fangen sie an(,) zu bellen. Hunde **lieben** lange **Spaziergänge** und **Spiele. Sie** mögen es **sehr**, gestreichelt zu werden.
Wenn man mit **ihnen** spricht, spitzen sie die **Ohren** und **hören** genau zu. **So** lernen sie auch ihren **Namen**.
Alle Hunde stammen vom Wolf ab. Wölfe sind **Raubtiere**, die in **Rudeln** leben und **jagen. Anführer** eines **Rudels** sind der Leitwolf und seine **Gefährtin**. Auch Hunde brauchen ein **Rudel**. Das ist die **Familie**, in der **sie leben. Rudelführer** ist dann der erwachsene Mensch.

Wörter: 122

Notizen:

____

____

____

____

____

Ü Schreibe aus dem Text alle Wörter heraus, in denen ein langer Vokal mit anschließendem **h** geschrieben wird.

sehr, _______________

____

____

____

____

T23 Sanfte Haustiere

Zwergkaninchen sind kuschelige **Spielgefährten**. Sie haben ein flauschiges, weiches Fell und **schöne**, sanft blickende Augen. Sie flitzen gern durch die **Wohnung** oder durch ein Auslaufgatter im Garten, aber sie lassen sich auch **sehr** gern streicheln.
Sie können auf ihren **Namen hören**, Männchen machen, auf den Schoß hüpfen(,) und sie werden sogar **stubenrein**.
Wer mit ihnen **spielen** oder sie streicheln möchte, sollte sich ihnen **ruhig** und behutsam **nähern** und dabei leise sprechen. **Kaninchen** sind **sehr** schreckhaft. In der **Natur** haben **Kaninchen** viele Feinde. Dazu **gehören Greifvögel**, Füchse, Katzen und Hunde. Sobald **Kaninchen Gefahren** wittern, flüchten sie in ihre gebuddelten **Erdhöhlen**. So verhalten sie sich auch in einer **Wohnung**. Wenn sie sich erschrecken, dann **versuchen** sie(,) zu flüchten. Darum darf ein kleines Schutzhäuschen in keinem **Kaninchenkäfig** fehlen.

Wörter: 125

Notizen:

____

____

____

Ü Welche der in dem Text oben fett gedruckten Wörter passen zu den folgenden Umrissen? Schreibe sie daneben.

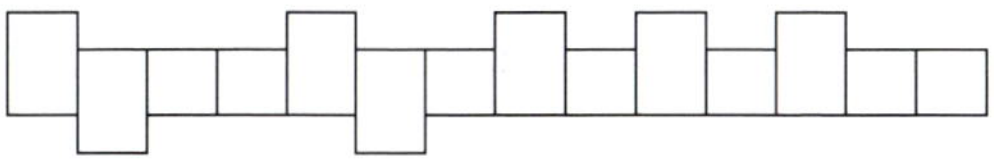 = Spielgefährten

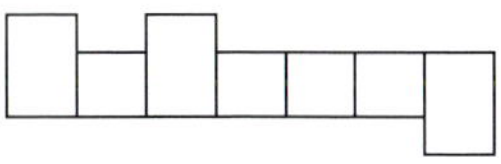 = ______________________

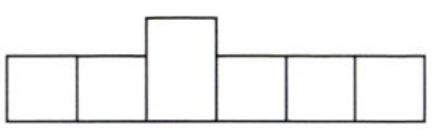 = ______________________

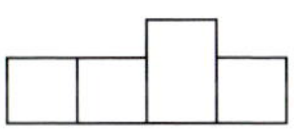 = ______________________

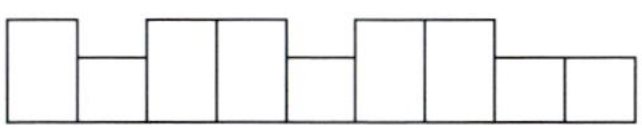 = ______________________

T24 An der Nordsee

Am Sonntag **fuhren** meine Eltern mit mir und meinem kleinen **Bruder** gleich nach dem **Morgenkaffee** an die **Nordsee**. Mein Bruder freute sich besonders auf das Wasser. Er hatte **nämlich** vor **wenigen** Wochen das Schwimmen gelernt.
Schnell kletterte er die Deichböschung hinauf. Aber als er **oben** auf der **Deichkrone** stand, war **da** kein Wasser. Ganz **enttäuscht rief** er: „Wir sind falsch **gefahren**. Hier ist gar kein **Meer**!"
Meine Mutter lächelte und **sagte**: „Jetzt ist Ebbe! Ganz hinten **siehst** du noch das **Meer** in der Sonne blitzen. Vor uns liegt das Watt. Warte nur ab."
Ich **schlug** vor(,) die **Schuhe** und Strümpfe **auszuziehen** und durch das Watt zu wandern. Das machte auch meinem kleinen Bruder **großen Spaß**. Bald **überspülte** die **Flut** jedoch das Watt(,) und wir wanderten auf dem **Seedeich** weiter.

Wörter: 132

Notizen:

____

____

____

Ü Schreibe alle Wörter heraus, die ein **ee** enthalten. Schreibe weitere Wörter auf, die ebenfalls mit **ee** geschrieben werden.

____

Ü Schreibe wie in dem Beispiel mit den folgenden Nomen/Substantiven Zusammensetzungen auf. Ein Tipp: Wenn du die Nomen im Wörterbuch nachschlägst, findest du dort zahlreiche Zusammensetzungen.

Kaffee: Kaffeetasse ______________________________

____

Meer: ______________________________

____

See: ______________________________

____

T25 Der Sternentraum

In der vorletzten Nacht hatte Micha einen wunderschönen Traum. Als er am nächsten Morgen wach wurde, konnte er sich zuerst nicht mehr daran erinnern. Auf dem Weg zur Schule **fiel** ihm jedoch alles **wieder** ein. Es war so:
Sein Freund Daniel und er konnten auf einmal **fliegen**. Ganz allmählich **verließen** sie **die** Erde und schwebten durch den weiten Himmelsraum. Nach einiger Zeit kamen sie zu einem Stern, der einfach herrlich war. Am **liebsten** wären sie dort **geblieben**. Aber andere Sterne **riefen**: „Kommt zu uns, bei uns ist es noch **viel** schöner!"
Und wirklich flogen **sie** weiter und weiter(,) und auf jedem Stern **blieben** sie eine Weile. Doch auf einmal erschrak Micha. Seine Schwester packte seine Nasenspitze und weckte **ihn** mit den Worten: „Du musst aufstehen, der Bus wartet nicht auf dich!"

Wörter: 133

Notizen:

____

____

____

Ü Schreibe alle fett gedruckten Wörter mit **ie** heraus und ordne sie dabei in alphabetischer Reihenfolge.

blieben, ______________________________

____

____

Ü Suche das Wort heraus, welches mit **ih** geschrieben wird, und schreibe es ebenfalls auf.

____

T26 Krokodile

Schon vor 150 Millionen Jahren lebten **Krokodile** auf der Erde. **Sie** gehören zu den Großsauriern, **wie ihre** berühmten Verwandten, die **Dinosaurier**. Weil die **Krokodile ihre** Körpertemperatur nicht selbst **regulieren** können, leben sie in den warmen **Gebieten** Afrikas, Asiens, Australiens und Südamerikas.
Sehr **vielen** Menschen sind **Krokodile** unheimlich. Man sagt von **ihnen, sie** seien heimtückisch und **raubgierig**, und **viele** fürchten sich vor **diesen** gefräßigen **Urtieren**. In der Tat können ausgewachsene **Krokodile** Antilopen, Zebras, sogar Giraffen, Wasserbüffel und Löwen fressen. Wenn ein unachtsamer Urlauber **ihnen** zu nahe kommt, schnappen sie natürlich auch zu.
Krokodile und Alligatoren sind die größten lebenden **Reptilien**. Nur die **Riesenschlange** ist noch ähnlich stark und groß. Ein ausgewachsenes **Krokodil** kann bis zu **sieben** Meter lang werden und über 1000 **Kilo wiegen**.
Außer vor Großwildjägern brauchen sich **Krokodile** vor **niemandem** zu fürchten. **Ihre** dicke, hornige Haut schützt **sie wie** eine Rüstung.

Wörter: 142

Notizen:

____

____

____

Ü Die Wörterschlange enthält mehrere der in dem Text oben fett gedruckten Wörter. Schreibe sie noch einmal unter der Schlange auf.

____

____

____

____

T27 Tiere der Pole und der Tundra

Die beiden **Polargebiete** sind von nur ganz wenigen **Tieren** bewohnt. Zwischen den Flechten und **Moosen** der Antarktis leben einige kleine Insekten und Milben. Die beiden **Polarmeere** aber sind voller Fische und anderer **Meeresbewohner**. **Diese** bilden die Nahrungsquelle **vieler Seevögel** und Säuger, wie zum **Beispiel** Eisbären und **Seehunde**, die die Eisschilde als Ruhe- und Brutplätze nutzen. Alle **diese Tiere** haben einen dicken Pelz, der **sie** vor der großen Kälte schützt.
Auch die Tundra ist im Winter **ziemlich** verlassen. Nur wenige kleine Säuger, **wie die** Lemminge und die Wühlmäuse, graben in der Schneedecke nach Gras und Samen. Vor den eisigen Winden können **sie** sich in Bauten **zurückziehen**. Große Säuger, **wie** der Moschusochse oder das Ren, sind den Winden erbarmungslos **ausgeliefert**.
Während des kurzen Sommers verändert sich die Tundra. Wenn der **Schnee** schmilzt und der Boden auftaut, **sprießt** überall frisches Grün(,) und **viele** Pflanzen blühen auf.

Wörter: 143

Notizen:

____

____

____

Ü Die Reihenfolge der Buchstaben ist bei den folgenden Wörtern vertauscht. Stelle die richtige Reihenfolge wieder her und schreibe die Wörter daneben. Es handelt sich nur um Wörter, die in dem Text oben fett gedruckt sind.

lSeegöve – ____________________

ralerPeeom – ____________________

oMeson – ____________________

ecShen – ____________________

eivel – ____________________

lhczeimi – ____________________

T28 Meerschweinchen

Meerschweinchen sind **gutmütig** und werden schnell **zahm** und zutraulich, wenn man sich oft mit **ihnen** beschäftigt. Sie mögen es **sehr**, gestreichelt zu werden, am **liebsten** hinter den **Ohren**. Gern **liegen sie** auch stundenlang in den **Schoß** gekuschelt.
Meerschweinchen können recht schnell laufen(,) und **sie** lernen auch(,) auf ihren **Namen** zu **hören**.
Meerschweinchen benötigen nicht **viel** Platz. Damit **sie** sich **wohlfühlen**, sollten **sie** eine **große** Kiste bekommen, ausgepolstert mit **Sägespänen**, Heu oder weicher Katzenstreu. Außerdem **benötigen sie** ein kleines Häuschen, in dem **sie** Unterschlupf finden und schlafen können. Einmal am **Tag** sollten **sie** in der **Wohnung** herumlaufen dürfen. Aber Vorsicht: **Sie** knabbern gern **Kabel** an.
Wie alle anderen **Tiere haben** auch **Meerschweinchen ihre** eigene **Sprache**. **Sie** ist nicht **schwer** zu **verstehen**. Werden sie gestreichelt, dann beginnen **sie**(,) zu gurren. Das bedeutet: Ich **fühle** mich **wohl**. Außerdem können sie laut **quieken** und pfeifen. Das **tun sie**, wenn **sie aufgeregt** sind: vor Freude, zur **Begrüßung ihrer** Menschen, aus Angst, bei **Gefahr** oder wenn sie Hunger **haben**.

Wörter: 163

Notizen:

____

____

Ü Der lang ausgesprochene i-Laut wird sehr häufig **ie** geschrieben. Schreibe aus dem Text oben alle Wörter heraus, die mit **ie** geschrieben werden. Ordne sie anschließend noch einmal in alphabetischer Reihenfolge.

____

____

____

____

____

____

____

T29 Die Wüste des Meeres

Das **riesengroße** Reich der **Tiefsee** erscheint uns Menschen als eine besonders lebensfeindliche Umwelt. Kein **Lichtstrahl** verirrt sich dorthin. Das Wasser ist das ganze **Jahr** über eisig kalt. Und der Druck des Wassers ist in der **Tiefe** so ungeheuer **groß**, dass ein **aufgeblasener** Ballon dort unten auf **die Größe** einer **Mandarine** zusammengepresst wird.
In **dieser ewigen** Dunkelheit können keine Pflanzen **gedeihen**. Die **Tiefsee** ist so etwas **wie** eine **Wüste** unter Wasser. **Sie** ist die **Hungerzone** des **Meeres**. Es ist nicht **sehr** verwunderlich, dass die weitaus meisten **Meeresbewohner lieber** in den flachen **Zonen** der **Ozeane leben**.
In der **Tiefe gibt** es nicht **viel** zu fressen. Die **Tiefseefische** müssen in der **Lage** sein, möglichst alles zu verschlingen, was **ihnen** vor die **Zähne** kommt, auch wenn **ihre** Beute **größer** ist als **sie** selbst. Manche **dieser** Ungeheuer können ihr Maul besonders weit aufsperren, zum **Beispiel** der **Pelikanaal** oder das Sackmaul. Sie sehen aus **wie riesige** Mäuler mit einem Schwanz daran. Ihre **Mägen** sind **dehnbar wie** Luftballons.

Wörter: 161

Notizen:

____

____

Ü Bei den folgenden Wörtern fehlt jeweils dort ein Buchstabe, wo ein Punkt steht. Es handelt sich nur um Wörter, die in dem Text oben fett gedruckt sind. Trage die fehlenden Buchstaben ein.

. z . . . e

P . . . k . n . . l

. a . d . r . . e

L . g .

. u . . e . z . . e

. i b .

T30 Anna hat Zahnschmerzen

Eigentlich wollte Anna nach der **Schule** ihre Freundin Julia **besuchen**, aber nun **klagt** sie über starke **Zahnschmerzen**. Sofort **ruft** ihr **Vater** beim **Zahnarzt** an. Anna kann gleich vorbeikommen.
Aufgeregt sitzt sie im Wartezimmer und blättert in den Zeitschriften. Ein Kinderbuch kann sie nicht finden. Eigentlich will sie auch **gar** nicht **lesen**. Was wird der Zahnarzt **tun**? Wird er tief **bohren**? Endlich ist Anna an der Reihe. Der Zahnarzt **begrüßt** sie sehr freundlich und **beruhigt** sie.
Zögernd setzt sie sich auf den **Stuhl. Nun** muss sie den Mund weit öffnen. Der Arzt schaltet die grelle Lampe an, nimmt den kleinen Spiegel und **sucht** den kranken Zahn. **Da** ist das kleine Loch, das Anna die **großen** Schmerzen bereitet. **Schon nach** kurzer Zeit ist der **Schaden** mit einer Füllung **behoben**. Anna **atmet** erleichtert auf.
„**Du** darfst nicht **so** viele **Süßigkeiten** essen und musst nach **jeder Mahlzeit** die **Zähne** putzen", **sagt** der freundliche **Zahnarzt**.
„Das **sagt** mein Vater auch immer", antwortet Anna.

Wörter: 161

Notizen:

______

______

______

Ü Schreibe zehn Wörter heraus mit einem lang ausgesprochenen Vokal, der einfach geschrieben wird.

Schule, ______

______

______

Ü Schreibe fünf Wörter heraus, in denen hinter dem lang ausgesprochenen Vokal ein **h** steht.

Zahnschmerzen, ______

______

T31 Verständigung mit Schall und Duft

Während Fledermäuse besonders **hohe Töne hören** können, weiß man von **Vögeln** und Elefanten, dass sie empfindlich auf **sehr tiefe Töne reagieren**. Wir Menschen können **diese** Schwingungen nicht **wahrnehmen. Viele Tiere reagieren** auf ganz feine **Bewegungen** der Erde. Die Blattschneiderameise zum **Beispiel** kann noch durch eine fünf Zentimeter dicke Erdschicht die Klopfsignale **ihrer** verschütteten Artgenossen **hören** und eilt herbei, um sie zu retten.
Auch Gerüche können als Botschaften **dienen**. Blattläuse **stoßen** einen **chemischen Alarmstoff** aus, wenn sie von einem **Marienkäfer** angegriffen werden. So warnen **sie ihre** Mit-Läuse. **Viele Tiere markieren** aber auch ein **Gebiet** mit einem **Riechstoff**, um anderen **Tieren** zu **signalisieren**, dass **sie** nicht eindringen dürfen. Andere, wie Ratten oder Mäuse, **legen Duftspuren**, um **Wege** zu **markieren**. Meister des **Spurenlegens** sind jedoch die **Ameisen**. Von der Spitze ihres Hinterleibes sondern sie einen Duftstoff ab, der die **Spur** von der **Nahrungsquelle** – zum Beispiel ein von **dir** ausgespuckter Bonbon – bis zum Bau **markiert**.
Im Vergleich zu **vielen Tieren haben** wir Menschen keine besonders empfindliche **Nase**.

Wörter: 165

Notizen:

Ü In dem Buchstabenquadrat sind waagerecht und senkrecht insgesamt zehn von den Wörtern versteckt, die in dem Text oben fett gedruckt sind. Suche sie heraus und zeichne mit einem farbigen Stift einen Kasten darum. Schreibe die Wörter anschließend in der üblichen Form (groß oder klein) neben das Quadrat.

H	K	A	C	B	D	E	E	D	C	A
D	U	F	T	S	P	U	R	E	N	B
V	B	C	D	A	F	G	F	G	H	N
I	A	D	I	E	N	E	N	J	I	A
E	W	Z	K	L	R	L	L	K	L	S
L	M	U	N	K	E	F	I	R	M	E
E	S	V	L	E	G	E	N	P	O	N
H	I	K	M	N	G	Z	V	R	S	T
M	A	R	K	I	E	R	E	N	V	W
G	E	C	S	E	H	R	X	Y	A	Z
G	E	B	I	E	T	R	B	S	I	E

Kurze Vokale (Schärfung)

R Nach kurzen, betonten Vokalen (Selbstlauten) und Umlauten (ä, ö, ü) schreibt man häufig entweder zwei gleiche oder zwei verschiedene Konsonanten (Mitlaute).

Zwei gleiche Konsonanten nach einem kurzen, betonten Vokal

BEISPIEL

die Halle	*rennen*
die Wolle	*wollen*
der Tipp	*fallen*

Treffen in Wortzusammensetzungen drei gleiche Konsonanten aufeinander, bleiben alle erhalten.

BEISPIEL *Schiff + Fahrt = Schifffahrt (auch: Schiff-Fahrt)*

Zwei verschiedene Konsonanten nach einem kurzen, betonten Vokal

BEISPIEL

die Bremse	*halten*
die Lampe	*bald*
der Wind	*selten*

Die Laute k und z nach einem kurzen, betonten Vokal

R Die Laute **k** und **z** werden in deutschen Wörtern nicht verdoppelt. Nach kurzem Vokal schreibt man **ck** und **tz.**

BEISPIEL

der Sack	*die Hitze*
die Mücke	*die Katze*
backen	*kratzen*

Die Laute k und z nach l, n, r

R

Nach **l**, **n**, **r**, das merke ja,
steht nie **tz** und nie **ck**.

BEISPIEL

das Holz	*der Balken*
tanzen	*schenken*
der Arzt	*merken*

5-Minuten-Diktate

Zwei Konsonanten nach einem kurzen, betonten Vokal

1 Hunde, die laut bellen, wollen nicht immer gleich beißen. Wenn sie eine Person sehen oder hören, können sie auf diesem Weg ihre Freude oder ihren Kummer zeigen.

2 Hunde können viel besser riechen als wir Menschen. Sie wittern aus großer Entfernung, ob ein Mensch oder ein Tier Angst hat. Auch nach Jahren erkennen sie einen Menschen an seinem Geruch.

3 Alle Tiere brauchen Sauerstoff. Fast alle Fische haben Kiemen, um dem Wasser dieses Gas entnehmen zu können.

4 1855 wurde der Dosenöffner erfunden. Vorher konnte man Dosen nur mit dem Hammer oder einem anderen Gegenstand öffnen.

5 Die Haare des Menschen wachsen im Durchschnitt 1 cm im Monat. Im Sommer geht es etwas schneller. Bei manchen hilft jedoch auch die Sonne nicht mehr.

6 Haie ernähren sich von anderen Wassertieren. Sie fressen jedoch nicht alles, was ihnen zufällig über den Weg schwimmt. Sie nehmen nur ganz bestimmte Arten.

7 Im Sommer kann man am Himmel oft seltsame Wolkengebilde sehen. Mit etwas Einbildungskraft erkennst du darin Riesen, Schiffe, Gesichter, Affen, Elefanten oder andere Tiere.

8 Das Abbrennen der Felder im Herbst ist verboten, weil zahlreiche Kleintiere in den Flammen umkommen können. Noch immer kümmern sich jedoch einige nicht um dieses Verbot. Sie müssen mit einer saftigen Strafe rechnen.

9 Die Reise mit einem Schiff ist im Vergleich zu früher heute eine entspannende Angelegenheit. Von der Bewegung der Wellen spürt man kaum noch etwas. Früher konnte eine Schifffahrt (Schiff-Fahrt) ein endloses Abenteuer sein.

10 Wenn ein Hai sich im Wasser nicht bewegt, sinkt er. Er besitzt nämlich keine Schwimmblase wie die anderen Fische.

11 An den Polen der Erde gibt es nur wenige Pflanzenarten. Es handelt sich dabei um Flechten, die in hundert Jahren oft nur wenige Zentimeter wachsen. Flechten dieser Art können tausend Jahre alt werden.

12 Klippen entstehen dadurch, dass der Wind und das Wasser unablässig an Felsküsten nagen. Das geschieht vor allem dort, wo der Fels am schwächsten ist. Diese Stellen werden vom Wind und vom Wasser ausgehöhlt und bilden so immer bessere Angriffspunkte für die Naturgewalten.

13 Wusstest du, dass man starke Erdbeben auch über eine Entfernung von mehreren hundert Kilometern spüren kann? Ein Erdbeben in Mexiko konnten im Jahre 1985 auch die Bewohner von Texas wahrnehmen, weil in ihren Swimmingpools plötzlich kleine Wellen entstanden.

Die Laute k und z nach einem kurzen, betonten Vokal

14 Katzen liegen während der Mittagshitze gern faul in einer Ecke und träumen von leckeren Mäusen oder einem dicken Kater.

15 Eine Hauskatze schwimmt nicht gern. Wenn ihr Fell oder ihre Pfoten nass werden, schüttelt sie sich, bis alles wieder trocken ist.

16 Biber bauen ihre Burgen vor allem in der Nacht. Dazu suchen sie sich geschützte Stellen aus, an denen sie mit viel Geschick Äste und Zweige aufschichten.

17 Kamillenblüten pflückt man am besten in der Mittagshitze eines warmen Sommertages. Man kann sie dann trocknen und daraus leckeren und vor allem gesunden Tee kochen.

18 Der Ozean ist eine gewaltige Wassermasse, die ständig in Bewegung ist. Die Kraft des Wassers ist so stark, dass sie dicke Felsblöcke in Stücke zerschmettern kann. Die Stücke werden immer kleiner(,) und daraus bildet sich dann der Sand.

19 Das menschliche Gehirn ist durch die Schädelknochen gut geschützt. Außerdem schwimmt es in einer Flüssigkeit, die wie ein Stoßdämpfer wirkt. Deshalb bekommst du keine Kopfschmerzen, wenn du einen Eckball ins Tor köpfst.

20 Es gab früher in jeder Schulbank ein Tintenfass. Dort tauchten die Schülerinnen und Schüler ihre Feder hinein. Sie schrieben ganz langsam(,) und es gab viele Kleckse. 1938 wurde der Kugelschreiber erfunden.

21 Die ersten Fotografen (Photographen) hatten riesengroße Apparate und mussten ihre Bilder in stickigen Dunkelkammern selbst entwickeln. 1888 kam ein Gerät auf den Markt, bei dem man nur noch auf den Knopf drücken musste.

22 Früher gab es auch schon Ärzte. Wenn jemand plötzlich krank wurde, holte man jedoch oft auch heilkundige Frauen, die sich mit den Kräften von Kräutern und Früchten ganz genau auskannten. Sie konnten zum Beispiel auch Warzen entfernen, indem sie sie mit Kräutern behandelten.

23 Wenn ein verletztes Tier im Meer blutet, sind Haie sehr schnell zur Stelle. Sie besitzen nämlich einen ausgezeichneten Geruchssinn. Haie können einen Tropfen Blut aus 200 m Entfernung riechen. Blitzschnell schwimmen sie dann herbei.

24 Wolken bestehen aus Ansammlungen von winzigen Eiskristallen und feinsten Wassertropfen. Wolken sind also nichts anderes als wasserhaltige Gebilde.

T32 Jedes Jahr ein Ring

Jedes **Stück Holz**, das wir verarbeiten, ist ein **Stück von** einem Baum. Wer sich **auskennt, kann** leicht an Farbe und Musterung des **Holzes erkennen**, was für ein Baum es gewesen ist.
Ein Baum braucht viele Jahre **zum Wachsen**. Jedes Jahr **bildet** er **um** den **Stamm** und seine Äste eine neue Schicht. Man **nennt** sie **Jahresring**.
Wenn du bei einem **gefällten** Baum die **Jahresringe** zählst, weißt du, wie **alt** er geworden ist. Die **Ringe** verraten auch, wie es dem Baum **ergangen** ist. In den Jahren, in denen die **Ringe eng** beieinander liegen, war der Baum **krank**. Es hat zu wenig geregnet(,) oder größere Bäume haben ihm das Licht **genommen**.

Wörter: 108

Notizen:

____

____

____

Ü Die Reihenfolge der Buchstaben ist bei den folgenden Wörtern vertauscht. Stelle die richtige Reihenfolge wieder her und schreibe die Wörter daneben. Es handelt sich nur um Wörter, die in dem Text oben fett gedruckt sind.

mSmta – ____________________

nank – ____________________

enwn – ____________________

atunneks – ____________________

tnenn – ____________________

mgeonemn – ____________________

T33 Der Eisbrecher

Die Luft ist trübe. Kalt **schimmert** die rote **Wintersonne** durch den Dunst. Der breite **Fluss** ist zugefroren. Am Ufer türmen sich die **Eisschollen**. Dort **klettern** die Mädchen und Jungen gern herum. **Denn** seit Tagen können die **Schiffe** nicht mehr fahren. Aber heute **kommt** aus der Ferne langsam ein schwarzes Ungetüm näher. Es ist ein Eisbrecher. Ob er es **schafft**?
Langsam arbeitet er sich vorwärts. Er schiebt sich auf die **Eismassen**, die den **Fluss** bedecken. Diese **können** sein Gewicht nicht tragen. Mit lautem Poltern und Krachen bricht das Eis. In der **Rinne** folgen dem Eisbrecher andere **Schiffe**. Große **Eisschollen** gleiten langsam dem Meere zu. Die Kinder aber **hoffen**, dass die **Fahrrinne** über Nacht wieder zufriert.

Wörter: 114

Notizen:

___

___

___

___

Ü Suche zu den folgenden Wörtern aus dem Text oben jeweils ein Reimwort.

Sonne – ___

denn – ___

Masse – ___

Scholle – ___

Schiffe – ___

schaffen – ___

T34 Schlaue Kobolde

Wellensittiche sind sehr lebendige Vögel. Sie **plappern** den **ganzen** Tag, **klettern**, **flattern**, plantschen und schlagen **Purzelbäume**. Manchmal landen sie auf einer Schulter, um von da das Schälen von **Kartoffeln** oder die Schularbeiten zu verfolgen. **Kurz** gesagt, sie bringen Leben ins Haus.
Wenn sie zahm sind, lernen sie sogar(,) einige Wörter oder **Sätze** zu sprechen oder ein Lied zu pfeifen.
Wellensittiche leben in der Natur in großen Schwärmen **zusammen**. Sie sind sehr **gesellig** und langweilen sich **schnell** oder werden sogar **krank, wenn** man sich zu wenig mit ihnen beschäftigt. Darum **sollten immer** mindestens zwei Tiere gleichzeitig **angeschafft** werden. Entweder ein Pärchen oder zwei **Männchen**, die sich auch sehr gut vertragen.
Damit sie schnell zutraulich werden, **sollten** Wellensittiche so jung wie möglich in menschliche Hände **kommen**.

Wörter: 123

Notizen:

___

___

___

Ü Schreibe zu den folgenden Verben wie in dem Beispiel jeweils zwei Personalformen auf.

klettern – er klettert – sie klettern

plappern – ___

flattern – ___

sollen – ___

anschaffen – ___

kommen – ___

T35 Den Räuber in die Flucht gelacht

Der Humor eines Bochumer **Kinobesitzers** bewahrte ihn vor einem **Überfall** und **rettete** ihm die **Kinokasse**. Er **wollte** gerade die Tür schließen. Da trat ein **dicker Mann** auf ihn zu, der sich eine **Pudelmütze** über den Kopf gezogen **hatte**. Der **Unbekannte zückte** eine Pistole und **verlangte** das **Geld**.
Der bedrohte **Kinobesitzer** hielt den **Überfall** jedoch für einen kleinen **Scherz** und brach in **schallendes** Gelächter aus. Das **hatte** der Täter nicht erwartet. Er war so verunsichert, dass er die Flucht **ergriff** und sich auf der Straße die **Mütze** vom Kopf zog.
Das beobachtete ein älterer **Mann**, der auf einer **Parkbank** saß und in der **Zeitung** las. Dieser **konnte** der Polizei eine genaue **Beschreibung** des **Mannes** geben. In einer Seitenstraße wurde der Räuber **dann festgenommen**.

Wörter: 121

Notizen:

____

____

____

____

____

Ü Bei den folgenden Wörtern fehlt jeweils dort ein Buchstabe, wo ein Punkt steht. Es handelt sich nur um Wörter, die in dem Text oben fett gedruckt sind. Trage die fehlenden Buchstaben ein.

. i . o . . . . t z . r

. u . . l . . t z .

. . c k . r

z . c k . e

T36 Warum blieben die Menschen nicht in Höhlen?

Die **Menschen** in der Frühzeit **hatten** keine festen Behausungen und lebten vielfach in Höhlen. Vielleicht **erkannten** sie jedoch im Laufe ihrer **Wanderungen**, dass ein „fester **Wohnsitz**", vor **allem** in einem fruchtbaren Gebiet, nicht zu verachten war. An einem sicheren und **bewachten** Ort **konnte** man Vorräte für magere Zeiten anlegen; **man konnte** sich **besser** gegen die **Witterung** schützen, gegen Ungeziefer und **wilde** Tiere. Schließlich **konnte** man in Dörfern auch besser **zusammenbleiben** und sich gegen Angriffe **anderer** Menschen **wirkungsvoller** verteidigen.
Die ersten von Menschen gebauten Häuser **standen** manchmal nicht auf **fester** Erde, **sondern** auf Pfählen im seichten **Wasser** von Seen. Sie waren aus **Ästen** und Laub gebaut. Die **ältesten** europäischen Pfahldörfer, die wir **kennen**, sind ungefähr 4 000 Jahre alt und **stammen** aus der **Jungsteinzeit**.

Wörter: 129

Notizen:

____

____

____

Ü Ergänze die folgende Tabelle.

	erkennen	können
ich		kann
du	erkennst	
er		
sie	erkennt	
es		
wir		
ihr		
sie		können

T37 Katzenkinder

Katzen spielen für ihr Leben gern, vor allem **Katzenkinder**. Sie **rennen** hinter **Bällen** her, springen hoch, um ein Papierknäuel zu erhaschen, und **verstecken** sich in jeder **Kiste**. **Wenn** eine **Katze** ins Haus **kommt**, braucht sie ein paar Spielsachen. Viel wichtiger sind aber **Menschen**, die mit ihr spielen. Außerdem lieben es **Katzen**, zärtlich gestreichelt zu werden. **Dann schnurren** sie vor Vergnügen.

Wenn junge **Katzen** spielen, kann es geschehen, dass sie **mittendrin** einschlafen. **Denn Katzen** schlafen gern und viel, 12 bis 14 **Stunden** am Tag. Sie brauchen deshalb einen ruhigen **Schlafplatz**, einen weich **ausgepolsterten** Korb oder eine Höhle. **Oft** suchen sie sich ihre eigenen **Plätze**. Das **kann** ein Bücherregal, eine **Sofaecke** oder ein **Bett** sein.

Katzen sind **Feinschmecker**. Sie mögen gekochtes, **ungewürztes** Huhn, **leckeren** Fisch, Fleisch oder fertiges **Futter** aus Dosen. Manche mögen auch gekochtes Gemüse. **Küchenabfälle** vertragen sie nicht.

Wörter: 138

Notizen:

Ü Die Wörterschlange enthält mehrere der in dem Text oben fett gedruckten Wörter. Schreibe sie noch einmal unter der Schlange auf.

T38 Salz – unsere Lebensquelle

Jeden Tag brauchen wir **Salz**. Man **kann** es für wenig **Geld** kaufen. Wir **können** uns kaum **vorstellen**, dass es früher in manchen **Ländern** fast so kostbar war wie **Gold**.
Ohne **Salz könnten** weder **Menschen** noch Tiere leben. Eine **ganz bestimmte** Menge **Salz muss ständig** in unserem Körper **vorhanden** sein, sonst werden wir **krank**.
Wir brauchen **Salz** aber nicht nur zum **Würzen** unserer Speisen. Mit **Salz lassen** sich auch **Lebensmittel haltbar** machen. Werden **Gurken**, Sauerkraut, Heringe oder Fleisch in **Salz** eingelegt, verderben sie nicht. So **konnte** man sich früher Vorräte zulegen, als es noch keine **Kühlschränke** gab.
Salz hat noch andere **nützliche** Eigenschaften, die es für uns unentbehrlich machen. Manchen **salzhaltigen Quellen** wird eine heilkräftige **Wirkung** nachgesagt. Wo solches **Wasser** aus der Erde sprudelt, hat man Kurorte **gegründet**. Die Kurgäste spazieren durch die **Parkanlagen** und **trinken** die verordneten **Wässerchen**.

Wörter: 139

Notizen:

___

___

___

Ü Trage die passenden Wörter aus dem Text oben in die Tabelle ein. Es geht nur um die fett gedruckten Wörter.

k nach den Buchstaben l, n oder r	z nach den Buchstaben l, n oder r
Gurken	

T39 Große Klappe

Wie **können** Schlangen Beutetiere **verschlucken**, die größer sind als sie selbst? Eine Schlange ist ein langes, **schlankes** Tier mit relativ schmalem Kopf. **Dennoch fressen** manche Arten Vogeleier und Tiere, die viel **dicker** und breiter sind als ihre eigenen Körper. Das **gelingt**, weil ihre Kiefer nicht fest, sondern durch dehnbare **Bänder** verbunden sind; so **kann** die **Schlange** ihr Maul wie einen **Sack** über die **sperrigste** Beute **stülpen**.
Der Magen einer **Schlange kann** sich **ebenfalls gewaltig** ausdehnen und Beutetiere in einem **Stück** aufnehmen. Eine **Schlange**, die gerade eine große Mahlzeit **verschlungen** hat, sieht recht **merkwürdig** aus. **Kopf** und **Hals sind** von normaler Größe, **dann folgt** eine enorme Ausbuchtung dort, wo sich die Beute **befindet**, bevor der Körper in Richtung **Schwanz** wieder den gewohnten **Umfang annimmt**.
Schlangen, die Eier **verschlingen**, zerbrechen diese im Körper auf einzigartige Weise: Im **Schlund** haben sie **besondere** Knochen, die **so lange** gegen das Ei **drücken**, bis es **ganz** zerbricht.

Wörter: 150

Notizen:

____

____

____

Ü Suche zu den folgenden Wörtern aus dem Text oben jeweils ein Reimwort.

fressen – ______________________

dann – ______________________

schlucken – ______________________

Stück – ______________________

Sack – ______________________

drücken – ______________________

T40 Messer und Gabel

Für uns Menschen heute ist es selbstverständlich, mit **Messer** und Gabel zu **essen**. Wir **können** es uns gar nicht **anders vorstellen**. Aber das war nicht **immer** so. Im **Mittelalter galt** es noch als **Sünde**, **wenn** jemand bei Tisch nicht nur mit dem **Messer**, sondern auch mit einer Gabel aß.
Der Mensch **kennt** die Gabel schon seit einigen tausend Jahren. Eine aus **Metall fanden** Forscher in einem mehr als 3 000 Jahre **alten** Grab. Sie wurde wahrscheinlich nur dazu gebraucht, um heiße Fleischstücke aus dem **Topf** zu fischen. Die Gabel **zusammen** mit dem **Messer** beim **Essen** zu benutzen(,) kam den **Menschen** nicht in den **Sinn**.
Das **Zusammenwirken** von **Messer** und Gabel ist erst seit dem 11. **Jahrhundert bekannt**, und zwar durch die Klagen eines **Kirchenmannes**. Der **wetterte** nämlich in einer Ansprache **wild** gegen die neueste **Sitte**, mit **Messer** und Gabel zu **essen**. Er meinte, das sei eine „sündhafte Verweichlichung“. **Verbrannte** Finger waren ihm **offenbar** lieber.

Wörter: 153

Notizen:

____

____

Ü In dem Buchstabenquadrat sind waagerecht und senkrecht insgesamt neun von den Wörtern versteckt, die in dem Text oben fett gedruckt sind. Suche sie heraus und zeichne mit einem farbigen Stift einen Kasten darum. Schreibe die Wörter anschließend in der üblichen Form (groß oder klein) neben das Quadrat.

M	A	I	B	S	I	N	N	C	D	O
E	E	M	F	G	B	H	I	M	J	F
S	K	M	L	M	E	M	O	E	P	F
S	X	E	S	T	K	Y	V	T	W	E
E	X	R	Y	Z	A	B	C	A	D	N
R	E	F	G	H	N	I	J	L	K	B
L	M	N	O	P	N	R	S	L	T	A
S	I	T	T	E	T	U	V	W	X	R
M	I	T	T	E	L	A	L	T	E	R
Y	B	F	G	H	I	M	U	N	K	I
A	V	E	R	B	R	A	N	N	T	E

____

____

____

____

____

____

____

T41 Die ersten Impfstoffe

Die **Pocken** waren eine der gefährlichsten **Krankheiten** Europas. Viele Kinder fielen ihr zum Opfer. Auch die Kühe **hatten Pocken**, aber bei ihnen verlief die **Krankheit** gutartig.
Eines Tages brachen in England die **Pocken** aus. Fast alle Menschen **steckten** sich an, **ausgenommen** eine Frau, eine Bäuerin. Sie erzählte ihrem **Arzt**, sie **könne** die **Pocken** nicht mehr **bekommen**, weil sie schon die **Kuhpocken** gehabt habe. Der **Arzt** fand das **merkwürdig, stellte** aber fest, dass die Frau Recht (recht) **hatte**. Wer einmal **Kuhpocken** gehabt **hatte, konnte** nicht noch einmal **erkranken**.
Der **Arzt** kam auf die Idee, Menschen mit den **Kuhpocken** zu impfen. 1796 impfte er zum ersten Mal einen achtjährigen Jungen. Der Junge bekam eine leichte Form der **Krankheit**. Zwei Monate später impfte er den Jungen mit den echten **Pocken**. Und was geschah? Der Junge war **geschützt**. Er **konnte** keine **Pocken** mehr **bekommen**. Der **Arzt hatte** den **Impfstoff** gegen die **Pocken** gefunden. Alle Menschen wurden geimpft(,) und heute gibt es keine **Pocken** mehr.

Wörter: 159

Notizen:

____

____

____

Ü Zeichne wie in dem Beispiel die Umrisse folgender Wörter.

Pocken 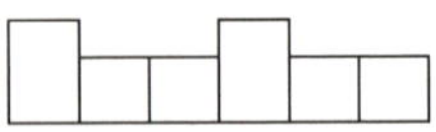

steckten

Impfstoff

bekommen

Arzt

merkwürdig

T42 Galileo Galilei

Vor etwa 500 Jahren geschahen in Europa erstaunliche **Dinge**. Nichts blieb so, wie es war. Das **Mittelalter** ging zu **Ende**(,) und eine Zeit **begann**, die wir heute die Neuzeit **nennen**. Zahlreiche **Erfindungen** und **Entdeckungen** veränderten das Leben der Menschen. Seit es **gedruckte** Bücher gab, **konnte** sich jeder über **alle** Neuigkeiten informieren. Was da behauptet wurde, war **wirklich sensationell**.
Im **Mittelalter** zweifelte niemand daran, dass die **Welt** eine flache Scheibe sei, jetzt dagegen wurde behauptet, die Erde habe die **Gestalt** einer Kugel und würde um die **Sonne** kreisen. In Italien lebte in dieser Zeit ein **Mann**, der das **wissenschaftlich** beweisen **konnte**. Dieser **Mann nannte** sich Galileo Galilei.
Nachdem Galilei sein Buch über die Erde, die **Sonne** und den Lauf der Planeten **veröffentlicht hatte**, gab es große Aufregung im **Lande**. **Besonders** die Kirchenfürsten waren **entsetzt**. Wo **soll Gott denn** wohnen, **wenn** es keinen **Himmel, sondern** nur ein **Weltall** mit Planeten und anderen **Himmelskörpern** gibt? Galileo wurde **gezwungen**(,) seine Behauptungen **öffentlich** zu widerrufen.

Wörter: 160

Notizen:

Ü Die Wörterschlange enthält mehrere der in dem Text oben fett gedruckten Wörter. Schreibe sie noch einmal unter der Schlange auf.

T45 Geschichten aus alter Zeit

Wer heute in einem Märchenbuch **liest**, erfährt viel über die Träume und Wünsche der Menschen in alter Zeit. Märchen wurden vor allem während der Winterzeit im **Haus** erzählt, wenn es **draußen nass** und **eisig** war.
Die **große** Familie **saß** in der warmen Küche. Hausarbeiten **mussten** verrichtet werden. Wolle wurde gesponnen(,) und es wurde gestrickt. Dabei erzählten sich die Menschen Geschichten, in denen **Riesen, böse** Wölfe, Prinzen und alle die Gestalten vorkamen, die wir heute **so** gut kennen. Immer ist das **Böse besiegt** worden. Die guten Menschen wurden belohnt mit Reichtum, einem **Schloss**, ewiger Schönheit und köstlichen **Speisen**.
Den Menschen, die sich **dieses** erzählten, erging es jedoch völlig anders. Viele waren arm, litten **große** Not und **mussten** um ihr Überleben bangen. Da konnte es schon eine **große** Hilfe sein, in einer Geschichte **das** zu erleben, **was** in der Wirklichkeit nicht erlebt werden konnte.

Wörter: 140

Notizen:

____

____

____

____

____

Ü Trage jeweils drei passende Wörter, die in dem Text oben fett gedruckt sind, in die Spalten der Tabelle ein.

ss nach kurzem Vokal	ß nach langem Vokal oder Doppellaut

T46 Es stürmt

Draußen tobt ein schwerer Sturm. Die **Haustür** schlägt auf und zu. Durch die Fensterritzen zieht **es**. Viele Menschen **sind** erkältet und **müssen** dauernd **niesen**. Nicht einmal die Hunde **lassen** sich dazu bewegen, vor die Tür zu gehen.
Dunkle Wolkenhaufen treibt der Sturm vor **sich** her. Er **bläst** laut durch die leeren **Straßen, braust** über den Marktplatz, pfeift um die Ecken. Manchmal treibt er seinen **Spaß** mit älteren Männern und **reißt** ihnen die Hüte vom Kopf. **Besonders** arg **haust** er in den Kleingärten. Hier **reißt** er ganze Äste von den Bäumen und **stößt sogar** einige Zäune um.
Nur ein paar Jungen und Mädchen freuen sich. Sie **lassen** nämlich ihre Lenkdrachen steigen. **Diese surren so** laut, **dass sie** das **Tosen** des Sturms beinahe übertönen. Nun aber beginnt es(,) kräftig zu **gießen**(,) und die Kinder **sausen** schnell nach **Haus**, damit **sie** nicht vollkommen **nass** werden.

Wörter: 143

Notizen:

____

____

____

____

Ü Suche zu den folgenden Wörtern aus dem Text oben jeweils ein Reimwort.

Haus – ____________________

brausen – ____________________

blasen – ____________________

niesen – ____________________

lassen – ____________________

müssen – ____________________

nass – ____________________

T47 Giftschlangen

Nur etwa ein Drittel aller Schlangen **ist** giftig. Einige von ihnen können auch den Menschen gefährlich werden. Bei den Kobras **fließt** das Gift durch die spitzen Giftzähne genau in die **Bisswunde** und lähmt oder tötet das Opfer.
Die **Riesenschlangen** dagegen sind ungiftig. Sie packen ihre Beute mit den Zähnen und winden ihren Leib um das Opfer. Schlangen kauen nicht. Sie verschlingen ihre Beutetiere, etwa eine **Maus** oder ein Ei, in einem Stück. Im Magen werden sie dann **langsam** durch den **Verdauungssaft aufgelöst**.
In einigen tropischen Ländern gibt es Schlangen, deren **Biss** so giftig ist, **dass** man stirbt, wenn man nicht sofort behandelt wird. Oft ist es die einzige Rettung, ein Serum zu spritzen.
Das Serum wird aus Schlangengift **selbst** gewonnen. Dazu züchtet man Schlangen auf Schlangenfarmen und nimmt ihnen dort das Gift ab. Man **lässt** die Schlange in ein Tuch **beißen**, das über ein **Gefäß** gespannt ist.

Wörter: 148

Notizen:

____

____

Ü Bei den folgenden Wörtern fehlt jeweils dort ein Buchstabe, wo ein Punkt steht. Es handelt sich nur um Wörter, die in dem Text oben fett gedruckt sind. Trage die fehlenden Buchstaben ein.

. i . . w . . d .

. a . . s . m

. a . s

l . . . t

b . . ß . .

. e . . ß

. l i . ß .

T48 Bauern im Mittelalter

Im Mittelalter lebten in einem **Bauernhaus** Menschen und Tiere oft unter einem Dach. Die Tage waren angefüllt mit Arbeit. Alle **mussten** mit anpacken, auch die Kinder.
Nur die wenigsten Bauern im Mittelalter waren freie Leute. Beinahe alle waren Untertanen eines Fürsten oder Bischofs. Für den Schutz, der ihnen gewährt wurde, **mussten** sie von allem, was sie sich **mühsam** erarbeiteten, einen Teil abgeben.
Zu besonderen **Anlässen** forderten die Herrschaften noch zusätzliche Abgaben: ein paar Hühner oder Enten, ein Stück **Käse** oder ein **Fass** Wein. Kein Bauer hatte das Recht, seinen Hof zu **verlassen**.
Im Mittelalter war das **Eisen** knapp(,) und der Reichtum eines Bauern wurde daran **gemessen**, wie viele **eiserne** Gerätschaften er **besaß**. Erst allmählich setzten sich Spaten, Hacken und Schaufeln aus Metall durch. Mit Hilfe (Mithilfe) des **eisernen** Pflugs **ließen** sich dann auch schwere Böden umwenden. Durch tiefes Pflügen erreichte man **schließlich, dass** weniger Felder brachliegen **mussten**.

Wörter: 145

Notizen:

____

____

____

Ü Trage jeweils drei passende Wörter, die in dem Text oben fett gedruckt sind, in die Spalten der Tabelle ein.

ß nach langem Vokal oder Doppellaut	ss nach kurzem Vokal

T49 Ein Märchen ohne Schluss

Bei den Brüdern Grimm kannst du folgende Geschichte **nachlesen**:
Zur Winterszeit **musste** einmal ein Junge hinausgehen und für **sich** und seine Eltern auf einem Schlitten Holz holen.
Als er in der **beißenden** Kälte den Schlitten beladen hatte, **aß** er erst einmal sein Brot. Dann **blies** er in seine **eiskalten** Hände und wollte ein Feuer anzünden. Als er den Schnee wegschob, fand er einen **geheimnisvollen** goldenen **Schlüssel**. Er dachte bei sich: „Wo ein **Schlüssel** ist, **muss** sich auch etwas **aufschließen lassen**."
Als er weitergrub, fand er tatsächlich ein goldenes Kästchen. Der **Schlüssel passte**. Er drehte ihn einmal im **Schloss** herum.
Wir aber, so sagen die Brüder Grimm, **müssten** nun warten, bis das **Kästchen aufgeschlossen** sei. Erst dann würden wir endlich **wissen**, was darin lag. Offensichtlich vergaßen die Brüder Grimm, dass wir neugierig sind. Hast du eine Idee, was in dem Kästchen gewesen sein könnte?

Wörter: 147

Notizen:

____

____

____

Ü Schreibe zu den folgenden Wörtern weitere aus der Wortfamilie auf. Manchmal ändert sich die Länge des Vokals vor dem s-Laut. Aus **ss** wird dann **ß** oder umgekehrt.

beißen: Bisswunde, gebissen, er beißt ____________________

schließen: ____________________________________

wissen: ______________________________________

passen: ______________________________________

essen: ______________________________________

gießen: ______________________________________

T50 Ozeane

Dass das Meer **salzig** ist, **weiß** jeder. Es enthält nämlich **sehr** viele **gelöste** Stoffe, die über die **Flüsse** ins Meer gelangen.

In **Flussmündungen** mischt sich das **Süßwasser** des **Flusses** mit dem **Salzwasser** des Meeres. Der **Fluss** ist hier **meistens sehr** breit.

Das Meer wird durch **Küsten** begrenzt. Manche dieser Küsten sind **felsig**, mit steil abfallenden Klippen. Hier donnern die Wellen mit Wucht gegen das **Festland**. Andere Küsten bestehen aus **Kieseln** oder **Sand**(,) und hier können die Wellen **sanfter** an Land laufen. An Gezeitenküsten mit Ebbe und Flut liegen Teile des Strandes nur **zeitweise** unter **Wasser**. Weiter **draußen** auf offener **See** spielen die Gezeiten und die Wellenbewegungen keine wichtige Rolle mehr. Auch wenn die Meeresoberfläche aufgewühlt ist, ist es schon wenige Meter tiefer sehr ruhig.

Das **Meerwasser** erscheint uns durchsichtig, aber es ist voller Pflanzen. Sie sehen allerdings ganz anders aus als die Landpflanzen. Es sind mikroskopisch kleine Pflanzen, die Plankton **heißen**. Das Plankton schwebt in den oberen **Wasserschichten** und fängt das **Sonnenlicht** ein.

Wörter: 163

Notizen:

____

____

____

Ü Die Wörterschlange enthält mehrere der in dem Text oben fett gedruckten Wörter. Schreibe sie noch einmal unter der Schlange auf.

____

____

____

____

T51 Zeugnistag

Wenn ein Schüler oder eine Schülerin heute ein **Zeugnis** erhält, ist das immer noch ein etwas aufregendes **Ereignis**; aber früher war der **Zeugnistag** noch viel spannender.
Heute wissen die meisten bereits, welche Noten sie in den unterschiedlichen Fächern erhalten. Die Lehrerinnen und Lehrer besprechen sie vorher mit ihnen. Das war zur Zeit deiner Großeltern ganz anders. Erst wenn sie ihr **Zeugnis** in der Hand hielten, wussten sie, welche Noten sie erreicht hatten. Da war dann schon manchmal ein überraschendes **Erlebnis** dabei, wenn die Note anders ausfiel als erwartet.
Noten gab es auch für Fleiß, die Beteiligung am Unterricht und das Verhalten in der Schule. Wer immer nur Unsinn gemacht hatte, fand das **Ergebnis** ganz oben auf seinem **Zeugnis** wieder. Daraus konnte dann zu Hause kein **Geheimnis** mehr gemacht werden.
Heute müssen Lehrerinnen und Lehrer mit den Eltern und dem Schüler oder der Schülerin sprechen, wenn sie mit dem Verhalten nicht einverstanden sind. **Zeugnisnoten** gibt es dafür nicht mehr. Manchmal steht jedoch eine Bemerkung auf der Rückseite.

Wörter: 166

Notizen:

____

____

____

Ü Bilde jeweils die Mehrzahl (Plural) oder Einzahl (Singular) zu folgenden Nomen/Substantiven.

____________ – die Zeugnisse

das Ereignis – ____________

____________ – die Erlebnisse

das Ergebnis – ____________

____________ – die Geheimnisse

T52 Flüsse und Seen

Die **Flüsse** und Seen sind der Lebensraum vieler Tierarten, von den kleinsten Insekten bis zu **riesigen** Fischen und Krokodilen. Wenn es in einer Hügellandschaft regnet, **saugt** sich der Boden mit **Wasser** voll, **das** dann in kleinen **Rinnsalen** abwärts**fließt**. Viele kleine **Wasserläufe** bilden bald in einem Tal einen kleinen **Fluss**. Auf dem Weg ins Flachland vereinigen sich viele **Flüsse** zu einem **großen** Strom; die **großen** Ströme münden in **das** Meer.
Das Wasser in **Flüssen** und **Seen** ist **Süßwasser**. **Es** ist nicht **salzig** wie **das Meerwasser**. Verglichen mit den **Wassermengen** in den Meeren gibt es nur relativ wenig **Süßwasser**, aber genug, um zahlreiche **Flüsse** aller **Größenordnungen** zu bilden.
So unterschiedlich die **Seen** und **Flüsse** in den verschiedenen Klimaregionen sind, **so** unterschiedlich ist auch ihre Pflanzen- und Tierwelt. Einige Gebirgsbäche und **Gebirgsseen sind so** klar und **durchsichtig, dass** man meint, darin **sei** nicht viel Leben enthalten. Im **Gegensatz** dazu **sind** manche Flachlandströme und **Seen** voller Pflanzen. In **seichten Gewässern**, an **Flussufern** und in Mooren wachsen Schilf, **Binsen** und andere Pflanzenarten, die mit ihren Stängeln über die **Wasseroberfläche** hinausragen.

Wörter: 176

Notizen:

____

____

____

Ü Die Wörterschlange enthält mehrere der in dem Text oben fett gedruckten Wörter. Schreibe sie noch einmal unter der Schlange auf.

____

____

____

____

das – dass

Das Wort *das* als Artikel oder Pronomen

R Das Wort **das** kann entweder bestimmter Artikel, Demonstrativpronomen (hinweisendes Fürwort) oder Relativpronomen (Einleitung eines Relativsatzes) sein.

1. Bestimmter Artikel

BEISPIEL *Das Auto gehört mir.*

2. Demonstrativpronomen (hinweisendes Fürwort)

BEISPIEL *Das hat mir nicht gefallen.*
Das (betont) Fahrrad kaufe ich.

3. Relativpronomen (bezügliches Fürwort)

BEISPIEL *Das Haus, das am Ende der Straße steht, ist verkauft worden.*

R Das Wort **das** als Artikel oder Pronomen kann durch die Wörter **dieses, welches** oder **jenes** ersetzt werden.

BEISPIEL *Wem gehört das Fahrrad?*
Wem gehört dieses Fahrrad?

Das Haus, das hinter der Kirche steht, hat blaue Fensterrahmen.
Das Haus, welches hinter der Kirche steht, hat blaue Fensterrahmen.

Das Wort *dass* als Konjunktion

R

Das Wort **dass** ist immer eine Konjunktion, die einen Hauptsatz mit einem Gliedsatz/Nebensatz verbindet. Vor der Konjunktion **dass** steht manchmal das Wort **so**. Die Schreibweise ist **sodass** oder auch **so dass.**
Die Konjunktion **dass** kann nicht durch die Wörter **dieses, welches** oder **jenes** ersetzt werden.

BEISPIEL

Ich erwarte, dass du kommst.
Hauptsatz Nebensatz/Gliedsatz

Sie fuhr sehr schnell, sodass (so dass) sie nicht mehr stoppen konnte.
Hauptsatz Nebensatz/Gliedsatz

5-Minuten-Diktate

das als Artikel oder Pronomen

1 Du kannst vor allem im Sommer das Wetter an der Form der Wolken erkennen. Das ist ganz einfach. „Schäfchenwolken“ zeigen schönes Wetter an, „zerrissene“ Wolken deuten auf schlechtes Wetter hin.

2 Im Jahre 1866 hat das erste Kind der spanischen Königsfamilie nicht weniger als 94 Vornamen erhalten. Wenn man die alle vorne aufs Schulheft schreiben wollte, das würde dauern.

3 Hast du dir schon einmal eine große Muschel ans Ohr gehalten? Man hat wirklich das Gefühl, im Innern das Meer rauschen zu hören. Natürlich stimmt das nicht. In der Muschel ist nicht das kleinste Tröpfchen Meerwasser. Das, was du in Wirklichkeit hörst, ist eine Verstärkung der Geräusche des Zimmers, in dem du gerade bist.

4 Das Wort „Eskimo“ bedeutet „Rohfleischesser“. Die Eskimos sind tatsächlich ein Volk der Jäger. Sie haben sich aber nicht selber so genannt. Für sie ist der Name „Eskimo“ eine Beleidigung. Sie selbst nennen sich „Inuit“(,) und das bedeutet „Mensch“.

5 Wenn du einen Hustensaft oder sonst etwas schlucken musst, das schlecht schmeckt, dann halt dir die Nase zu. Auf die Art verringerst du dein Geschmacksempfinden sehr stark.

dass als Konjunktion

6 Hast du gewusst, dass in den meisten Sprachen das Wort Mutter mit einem „M“ beginnt? Bei den Vätern ist es jedoch etwas anderes.

7 Hast du gewusst, dass es eine Bambusart gibt, die im Monat zehn Meter wächst? Dieser Bambus ist eine grasartige Pflanze(,) und er wächst auch wie Gras, nur viel schneller. Wenn du dich ruhig verhältst, kannst du es zum Zeichen, dass die Pflanzen wachsen, sogar knacken und knirschen hören.

8 Bei der Stubenfliege sind die Beine mit so feinen Geschmacksfühlern für Zucker ausgestattet, dass sie Süßes damit besser wahrnimmt als du mit deiner Zunge.

9 In den Spitzenverkehrszeiten ist die Untergrundbahn von Tokio so überfüllt, dass eigens Leute eingestellt werden mussten, deren Aufgabe es ist, die Fahrgäste weiterzuschieben oder -zuziehen, sodass (so dass) auch der letzte Wagenwinkel ausgenutzt wird.

Artikel, Pronomen oder Konjunktion

10 Wissenschaftler haben errechnet, dass das Gesamtgewicht aller Insekten auf der Welt zwölfmal höher sein muss als das aller Menschen zusammen.

11 Weißt du, warum der Marienkäfer rot ist? Durch diese auffällige Farbe gibt er seinen Feinden zu verstehen, dass sein Körper Gift enthält. Das ist ein wirksamer Selbstschutz.

12 Hast du gewusst, dass der Körper eines Erwachsenen durchschnittlich 45 Liter Wasser enthält? Das sind mehr als vier volle Eimer!

13 Till Eulenspiegel war ein Narr. Ihm ist es immer wieder gelungen, dass die Menschen ihre Schwächen erkannten. So führte er ihnen zum Beispiel ihre Neugier oder ihre Dummheit vor Augen. Das bewirkte jedoch, dass er immer wieder vertrieben wurde und seinen Wohnsitz ändern musste.

14 Ein Mann hatte in seinem Garten einen Brunnen gegraben. Nun hatte er einen solchen Haufen Erde und Steine übrig, dass er nicht wusste, wohin er damit sollte. Da fragte er seinen Nachbarn. Der riet ihm: „Grabe in deinem Garten ein Loch, das groß genug ist, um die Erde aus dem Brunnenschacht zu fassen." Das tat unser Mann. Kannst du dir vorstellen, wie das Ganze ausgeht?

15 Kennst du eine Flaschenpost? Das ist eine Nachricht in einer wasserdicht verschlossenen Flasche. Sie wird manchmal von Schiffbrüchigen ins Wasser geworfen. Dann hofft man, dass sie irgendjemand findet. 1908 hat man erstmals eine Flaschenpost für die Wissenschaft verwendet. Man hat damit Meeresströmungen verfolgt.

16 Gleichberechtigung heißt, dass jemand die gleichen Rechte hat wie die anderen Menschen. Das ist nicht selbstverständlich. Bei uns begannen vor etwa hundert Jahren die Frauen(,) um ihre Gleichberechtigung zu kämpfen. Diese wurde dann auch 1949 im Grundgesetz festgeschrieben.

17 Wusstest du, dass das Lama zur Familie der Kamele gehört? Seine Heimat ist Südamerika. Gezähmt wurde es bereits vor 4 000 Jahren. Bei Gefahr kann ein Lama seinen Angreifer zielsicher bespucken. Das kann dir auch passieren, wenn du es im Zoo ärgerst.

T53 Annas Kater Max

Anna sitzt mit ihrem Bruder in der Straßenbahn. Neben ihr schnurrt in einem Korb ihr Kater Max. Ein freundlicher Mann sitzt den beiden Kindern gegenüber. Er fragt Anna: „Ist **das** kleine Kätzchen ein Kater oder eine Katze?"
Da sprudelt es aus Anna hervor: „**Das** ist mein Kater Max. Er ist ein halbes Jahr alt. Aber er ist schon sehr groß. Er frisst nämlich so gerne. **Das** Futter, **das** wir natürlich in der Tierhandlung kaufen, zerkleinere ich ihm immer mit einer Gabel. Manchmal erzähle ich ihm auch Geschichten. **Das** mag er sehr gern. **Das** Körbchen, in dem er liegt, ist ganz weich ausgepolstert. Er soll es nämlich sehr gemütlich haben. Ganz wichtig ist **das** für einen kleinen Kater."
„**Das** hört sich ja prima an, ich möchte glatt mit deinem Kater tauschen", unterbricht da der freundliche Mann das Mädchen. „**Das** wäre bestimmt sehr lustig", meint da Annas Bruder, „Max bekommt nämlich gleich beim Tierarzt eine Spritze gegen Würmer in den ..."

Wörter: 163

Notizen:

Ü Schreibe drei Sätze, in denen das Wort **das** als Artikel oder Pronomen vorkommt, neu auf und ersetze es dabei durch **dieses**, **welches** oder **jenes**.

T54 Hütten, Häuser und Paläste

Wie möchtest du einmal wohnen? In einem Palast? Einem Baumhaus? Einem Turm mit schöner Aussicht? Für die frühen Menschen war es sehr wichtig, **dass** sie Schutz und Unterschlupf fanden. Oft wohnten sie in natürlichen Höhlen. Es ist klar, **dass** sie ihre ersten Behausungen aus den Materialien bauten, die sie in der Umgebung fanden. In den folgenden Jahrtausenden entstand eine große Vielfalt von Häusern, Gebäuden und Wohnungen: für heiße und für kalte Gegenden, für Sesshafte und solche, die umherzogen.
In tropischen Gebieten werden die Häuser oft einfach aus dem gebaut, was der Urwald liefert, aus Blättern. Die Blätter mancher Palmen sind groß genug, **sodass (so dass)** aus ihnen ein Dach geschichtet werden kann. Der Regen perlt ab wie an Dachziegeln. Auch die Hüttenwände werden aus Blättern errichtet. Alles wird so dicht verflochten, **dass** es im Innern schattig und geschützt ist.
Eine Heizung braucht man in den Tropen nicht. Manchmal stehen die Hütten auf Holzpfählen, **sodass (so dass)** keine wilden Tiere eindringen können.

Wörter: 163

Notizen:

____

____

____

Ü Trage die fehlenden Konjunktionen in die folgenden Sätze ein.

- Für die frühen Menschen war es sehr wichtig, __________ sie Schutz und Unterschlupf fanden.
- Es ist klar, __________ sie ihre ersten Behausungen aus den Materialien bauten, die sie in der Umgebung fanden.
- Die Blätter mancher Palmen sind groß genug, __________ aus ihnen ein Dach geschichtet werden kann.
- Alles wird so dicht verflochten, __________ es im Innern schattig und geschützt ist.
- Manchmal stehen die Hütten auf Holzpfählen, __________ keine wilden Tiere eindringen können.

T55 Wer immer nur auf andere hört

Ein Mann hatte in seinem Garten einen Brunnen gegraben. Nun hatte er einen solchen Haufen Erde und Steine übrig, **dass** er nicht wusste, wohin er damit sollte.
Da fragte er seinen Nachbarn. Der riet ihm: „Grabe in deinem Garten ein Loch, welches groß genug ist, **dass** es die Erde aus deinem Brunnenschacht fassen kann.“
Der Mann ging fleißig wieder an die Arbeit und grub den ganzen Tag bis zum späten Abend. Schließlich war das Loch sehr tief, **sodass (so dass)** er alle Erde vom Brunnenbau hineinschaufeln konnte. Aber du weißt sicher, was jetzt geschah. Ganz genau. Der Garten lag nun vom zweiten Loch voller Erde. Da rief er nach seinem Nachbarn. Der kam und bemerkte schmunzelnd, **dass** der andere immer noch nichts begriffen hatte. Deshalb sprach er: „Du hättest die zweite Grube noch viel größer und tiefer ausheben sollen.“ Jetzt erst ging unserem Mann ein Licht auf.

Wörter: 152

Notizen:

____

____

____

Ü Trage die fehlenden Konjunktionen in die folgenden Sätze ein.

- Nun hatte er einen solchen Haufen Erde und Steine übrig, __________ er nicht wusste, wohin er damit sollte.
- „Grabe in deinem Garten ein Loch, welches groß genug ist, __________ es die Erde aus deinem Brunnenschacht fassen kann.“
- Schließlich war das Loch sehr tief, __________ er alle Erde vom Brunnenbau hineinschaufeln konnte.
- Der kam und bemerkte schmunzelnd, __________ der andere immer noch nichts begriffen hatte.

T56 Der Magnetberg

Sindbad der Seefahrer geriet einmal in einen schweren Sturm. Nur mit Mühe gelang es ihm und der Mannschaft, **das Schiff** durch die haushohen Wellen zu steuern. Erst nach Tagen ließ der Sturm nach. Sie stellten fest, **dass das Schiff** schwer gelitten hatte. Aber sie segelten weiter. Nur eines beunruhigte sie sehr.
Sie sahen, **dass** kaum ein Lüftchen wehte. Dennoch spürten sie, **dass das Schiff** Fahrt aufnahm und **dass** es immer schneller wurde. Als in der Ferne ein zackiger Berg auftauchte, wusste Sindbad, **dass** dies der gefürchtete Magnetberg sein musste. **Das Schiff** war zwar aus Holz. Aber die vielen Nägel und eisernen Klammern wurden mit unheimlicher Kraft angezogen. So musste das Schiff schließlich auf die Klippen auflaufen und zerbrechen, **sodass (so dass)** die Mannschaft ohne Besitz war.

Wörter: 123

Notizen:

____

____

____

____

Ü Schreibe zwei Sätze, in denen das Wort **das** als Artikel oder Pronomen vorkommt, neu auf und ersetze es dabei durch **dieses**, **welches** oder **jenes**.

____

____

____

____

____

____

____

____

T57 Der Fuchs und die Gans

Es fing einmal ein Fuchs eine Gans und wollte sie verzehren. Da bat die Gans den Räuber, **dass** er ihr doch gestatten möge(,) vor ihrem Ende noch einmal zu tanzen. Der Fuchs sagte: „**Das** kann ich dir wohl gewähren. Du sollst mir nachher noch viel besser schmecken."
Als die Gans nun wusste, **dass** sie tanzen durfte, hüpfte sie erst einmal auf den Füßen hin und her. **Das** fand der Fuchs so komisch, **dass** er laut lachen musste. Nun breitete die Gans ihre Flügel auseinander und begann(,) noch wilder zu tanzen.
Das Vergnügen, **das** der Fuchs daran hatte, war ebenfalls groß. Er wusste jedoch nicht, **dass** Gänse fliegen können und **dass** sie vor dem Start die Flügel wie alle Vögel ausbreiten. Gerade als er Beifall klatschen wollte, erhob sich die Gans in die Lüfte. Da hatte der Fuchs **das** Nachsehen und fluchte: „**Das** soll mir nicht noch einmal zustoßen. Vor dem Essen wird in Zukunft nicht mehr getanzt!"

Wörter: 157

Notizen:

Ü Schreibe drei Sätze, in denen das Wort **das** als Artikel oder Pronomen vorkommt, neu auf und ersetze es dabei durch **dieses**, **welches** oder **jenes**.

Groß- und Kleinschreibung

Großschreibung am Satzanfang

R Den Satzanfang und den Anfang der wörtlichen Rede schreibt man groß.

BEISPIEL *Der Junge besucht seinen Freund.*
Sie fragte: „Hast du Hunger?“

Großschreibung von Nomen/Substantiven

R Nomen/Substantive (Namenwörter/Hauptwörter) schreibt man groß. Oft steht ein Artikel oder anderer Begleiter davor.

BEISPIEL *der Ball* *meine Tasche*
ein Fest *schnelle Bewegungen*

Großschreibung von Verben und Adjektiven, die als Nomen/Substantiv gebraucht werden

R Alle anderen Wortarten können zu Nomen/Substantiven werden und werden dann großgeschrieben. Am häufigsten ist dieses bei Verben und Adjektiven der Fall. Vor dem ursprünglichen Verb oder Adjektiv steht oft ein Begleiter oder er könnte davor stehen.

1. Verben, die zu Nomen/Substantiven werden

Verben werden großgeschrieben, wenn ein Artikel davorsteht.

BEISPIEL *Mir macht das Joggen sehr viel Spaß.*
Ich hörte ein Krachen im Keller.

Verben werden großgeschrieben, wenn eine Präposition mit eingeschlossenem Artikel davorsteht.

BEISPIEL *Beim (bei dem) Essen verschluckte sich Petra.*
Vorm (vor dem) Schwimmen sollte man erst duschen.

Verben werden großgeschrieben, wenn ein Pronomen (Fürwort) davorsteht.

BEISPIEL *Euer Tanzen hat mir gut gefallen.*
Dein Kommen hat sie überrascht.

Verben werden großgeschrieben, wenn ein gebeugtes Adjektiv als Attribut (Beifügung/nähere Erklärung) davorsteht.

BEISPIEL *Leises Flüstern hörte man aus dem Zimmer der Jungen.*

2. Adjektive, die zu Nomen/Substantiven werden

Adjektive werden großgeschrieben, wenn ein Artikel davorsteht.

BEISPIEL *Das Rot in deinem Pullover fällt besonders auf.*

Adjektive werden großgeschrieben, wenn eine Präposition mit einem eingeschlossenen Artikel davorsteht.

BEISPIEL *Er traf mit seiner Bemerkung ins (in das) Schwarze.*
Es wandelte sich alles noch zum (zu dem) Guten.

Adjektive werden großgeschrieben, wenn eine Mengenangabe wie *nichts*, *alles* usw. davorsteht.

BEISPIEL *Hier ist nichts Neues passiert.*

Achtung! Die Höchststufe (Superlativ) eines Adjektivs, die durch **am** gekennzeichnet wird, schreibt man immer klein.

BEISPIEL *am schönsten, am kleinsten*

Achtung! Adjektive mit einem Artikel davor schreibt man dann klein, wenn sie sich auf ein vorhergehendes Nomen/Substantiv beziehen. Das Nomen/Substantiv ist lediglich ausgelassen.

BEISPIEL *Im Stadion waren zahlreiche junge Zuschauer, die besonders lauten (Zuschauer) standen in der Südkurve.*

Groß- und Kleinschreibung von Orts- und Ländernamen

R Ortsbezeichnungen auf **-er** werden immer großgeschrieben

BEISPIEL *der Paderborner Dom*
der Berliner Reichstag

R Ortsbezeichnungen auf **-isch** werden häufig kleingeschrieben.

BEISPIEL *westfälischer Rauchschinken*
sächsischer Humor

R Ist die Ortsbezeichnung auf **-isch** jedoch fester Bestandteil eines **Eigennamens**, so schreibt man sie groß.

BEISPIEL *Indischer Ozean*
Holsteinische Schweiz

Groß- und Kleinschreibung von Zeitangaben

R Zeitangaben in der Form eines **Nomens/Substantivs** schreibt man immer groß. Vor ihnen steht oft ein Artikel, eine Präposition mit eingeschlossenem Artikel oder ein anderer Begleiter, oder er könnte davorstehen.

BEISPIEL *der Montag, am Samstag, der Freitagabend, am Sonntagmorgen, für Donnerstagabend, am letzten Dienstag, der Morgen, eines Nachts*

R Zeitangaben in der Form eines **Adverbs** schreibt man klein.

BEISPIEL *morgens, mittags, montags, samstags, freitagabends/freitags abends, sonntagmorgens/sonntags morgens, heute, gestern, übermorgen*

R Bezeichnungen für Tageszeiten nach den Adverbien **vorgestern, gestern, heute, morgen** und **übermorgen** werden großgeschrieben.

BEISPIEL *Ich hole dich heute Mittag ab.*
In den Supermarkt wurde vorgestern Nacht eingebrochen.
Er kommt erst morgen Abend.
Ich habe gestern Morgen verschlafen.

Groß- und Kleinschreibung von Anredepronomen

R Die Anredepronomen **du** und **ihr** und die entsprechenden besitzanzeigenden Fürwörter (Possessivpronomen) **dein** und **euer** schreibt man in der Regel klein. In Briefen kannst du dich auch für die Großschreibung entscheiden.

BEISPIEL *Paul fragte: „Kannst du mir dein Skateboard leihen?"*
Liebe Maja,
wie geht es dir (Dir)? Ich habe deinen (Deinen) Brief erhalten und ...

R Das Anredepronomen **Sie** und das entsprechende besitzanzeigende Fürwort (Possessivpronomen) **Ihr** schreibt man immer groß.

BEISPIEL *Kann ich Ihnen helfen?*
Mich interessiert Ihre Meinung.
Sehr geehrte Frau Keppler,
gern nehmen wir Ihre Einladung an. Wir möchten Sie bereits am kommenden Sonntag besuchen und ...

5-Minuten-Diktate

Großschreibung von Verben und Adjektiven, die als Nomen/Substantiv gebraucht werden

1 Delfine (Delphine) sind Säugetiere(,) und sie müssen zum Atmen auftauchen. Verletzte Tiere werden gelegentlich von gesunden an die Wasseroberfläche gezogen, damit sie atmen können. Zum schnellen Schwimmen dient ihnen die mächtige Schwanzflosse.

2 Zum sportlichen Laufen benötigt man geeignetes Schuhwerk, da ansonsten die Muskeln zu sehr belastet werden. Es ist bekannt, dass regelmäßiges Joggen den Körper gesund erhält. Wichtig ist vor der Anstrengung jedoch auch das richtige Aufwärmen.

3 Autofahrer müssen beim Überholen besonders vorsichtig sein. Das gilt auch für das Fahren in Wohngebieten, weil zum Beispiel durch das Spielen der Kinder auf der Straße besondere Gefahren entstehen.

4 Ein bekanntes Sprichwort sagt: Es gibt nichts Gutes, außer man tut es.

5 Im Urlaub habe ich sehr viel Neues gesehen. Vor allem die Besichtigung eines Schlosses war für mich etwas Besonderes. Meine Schwester hat sich dabei jedoch gelangweilt, weil für sie im Urlaub nur das Ausruhen in der Sonne wichtig ist.

6 Zum Bauen eines Papierflugzeugs benötigt man nur ein rechteckiges Blatt Papier. Beim Falten ist es wichtig, genau zu arbeiten und die Arbeitsschritte zu befolgen. Ansonsten ist ein ruhiges Gleiten nicht möglich.

7 Für viele Menschen ist es nichts Ungewöhnliches, auf das zusätzliche Salzen von Speisen zu verzichten. Sie ernähren sich auf diese Weise gesünder als andere.

8 Andrea war mit einigen Kindern im Zeltlager. Die älteren durften bis 23 Uhr aufbleiben, die jüngeren mussten eine Stunde früher ins Bett.

9 Wenn du einen Vorgang beschreiben willst, schreibst du die Arbeitsschritte am besten zunächst stichwortartig auf. Auf diesem Weg erhältst du einen Schreibplan, der dir dabei hilft, über die Arbeitsschritte in der richtigen Reihenfolge zu informieren.

10 Zum Geburtstag wünsche ich dir alles Gute, ganz viel Lustiges, nichts Glitschiges oder Trauriges und eine riesengroße Torte vom besten Bäcker unserer Stadt.

Groß- und Kleinschreibung von Orts- und Ländernamen

11 Auf unserer letzten Klassenfahrt haben wir auch den Magdeburger Dom besichtigt. Der Stadtführer konnte uns sehr viel über die Geschichte dieses Bauwerks erzählen.

12 Anke isst besonders gern holländischen Käse, den sie in einem kleinen Geschäft in der Bielefelder Innenstadt kauft. Dort gibt es auch dänischen Butterkäse, den ich besonders gern mag.

13 Max verbringt in diesem Sommer seinen Urlaub mit seiner Familie in Frankreich am Atlantischen Ozean. Sie wollen die ganze Zeit zelten. An einem Tag werden sie eine vorgelagerte französische Insel erkunden, die über einen Damm mit dem Auto zu erreichen ist.

Groß- und Kleinschreibung von Zeitangaben

14 Jonas und Maja wollen heute Nachmittag ins Schwimmbad gehen. Bereits am Morgen haben sie sich während der großen Schulpause verabredet.

15 Bis vor wenigen Jahren war es verboten, sonntags zu arbeiten. Inzwischen wird diese Vorschrift jedoch zunehmend gelockert. Es gibt sogar Bestrebungen, den Sonntag auch zu einem Arbeitstag zu erklären. Nicht nur die Kirchen wehren sich dagegen. Von den Gewerkschaften stammt der Spruch: „Vati gehört sonntags mir!"

16 Gestern Abend wurde in der Westernstraße in ein Schmuckgeschäft eingebrochen. Kurz vor Ladenschluss waren die Täter maskiert in die Geschäftsräume eingedrungen und erbeuteten mehrere wertvolle Uhren. Nach Angaben des Juweliers waren sie bereits am Montagmorgen bei ihm aufgetaucht und hatten sich merkwürdig verhalten. Die Fahndung verlief bis in die Nacht hinein ohne Erfolg.

17 Paul und Pauline gehen freitagabends immer zum Schachspielen. Bereits am frühen Nachmittag treffen sie sich häufig, um bekannte Schachpartien nachzuspielen. Wenn sie spätabends dann zu Hause (zuhause) sind, sind sie völlig erschöpft vom vielen Kombinieren. Bereits am Samstag gehen sie jedoch wieder ihrem interessanten Hobby nach.

Groß- und Kleinschreibung von Anredepronomen

18 Sehr geehrte Frau Müller,
ich kann mir nicht vorstellen, dass mein Sohn Ihre Fensterscheibe zertrümmert hat. Er war nämlich gar nicht zu Hause (zuhause). In der fraglichen Zeit war nur mein Mann im Garten ...

19 Lieber Paul,
hast du (Du) meinen Brief bereits erhalten? Was hältst du (Du) von meinem Vorschlag, in den Osterferien in eine Jugendherberge zu fahren? Mich interessiert deine (Deine) Meinung sehr. Wenn du (Du) mitfahren möchtest, teil es mir bitte schnell mit, weil wir uns dort anmelden müssen ...

20 Wenn Sie einen leckeren Kuchen essen wollen, benötigen Sie viele Zutaten, verschiedene Geräte, etwas Geduld und einen guten Bäcker.

T58 Im Schwimmbad

Janna und Lukas wollen heute **zum Schwimmen** gehen. Sie treffen sich vor der Eingangstür des Hallenbades. An der Kasse hören sie bereits **lautes Lachen und Rufen**. Sie bezahlen und ziehen sich schnell um.
Bevor sie in das Becken gehen, stellen sie sich unter die Brause. Janna findet **kaltes Duschen** ganz toll. Das Wasser im Schwimmbad kommt ihr dann nämlich besonders warm vor.
Als sie die Schwimmhalle betritt, ist Lukas bereits im Wasser. **Das Springen** vom Beckenrand ist verboten. Deshalb benutzt Janna die Eisenleiter. Sie schwimmt schnell zu ihrem Freund. Wo ist er geblieben? Lukas ist getaucht. Plötzlich kommt er wieder hoch und spritzt Janna nass. **Das Toben** im Wasser gefällt den Kindern besonders gut. Zum Schluss schwimmen sie noch einige Bahnen um die Wette. **Nach dem Duschen und Anziehen** gehen sie wieder nach Hause.

Wörter: 134

Notizen:

____

____

____

Ü Trage in folgende Sätze den jeweils fehlenden Buchstaben ein.

Janna und Lukas gehen zum __chwimmen.

Monika und Paul __chwimmen auch sehr gern.

Mareike __uscht lieber warm.

Kaltes __uschen macht mir nichts aus.

Den freundlichen Schwimmmeister[1] stört das __chreien der Kinder nicht.

Auch die ältere Dame beschwert sich nicht, wenn die Kinder laut __chreien.

[1] auch: Schwimm-Meister

T59 Pinguine

Pinguine sind für viele Besucher beliebte Zootiere. Diese seltsamen Vögel leben eigentlich in den Meeren der südlichen Erdhalbkugel.
Ihr **komisches Stehen und Gehen** wird immer wieder belächelt. Aber ihr Körperbau ist einfach eine Folge ihrer völligen Anpassung an das Leben im Wasser. Ihre Flügel sind zu flossenartigen Rudern geworden. Die kleinen Federn liegen wie Schuppen am Körper. Eine dicke Fettschicht schützt sie **vorm Erfrieren** in der eisigen Kälte. Die kurzen Beine ganz am Ende des Rumpfes ermöglichen nur **ein ungeschicktes Watscheln**. Die Tiere gehen daher nur **zum Brüten** an Land.
In manchen Filmen sieht man, dass sie gerne auf dem Bauch über das Eis rutschen. Anscheinend ist das bequemer als **das mühselige Hüpfen**. Die meiste Zeit leben sie im Meer und können hier viele Kilometer zurücklegen. Pinguine ernähren sich fast ausschließlich von Fischen.
Durch das Aufwachsen im Zoo verlieren auch diese Tiere einige ihrer angestammten Gewohnheiten.

Wörter: 146

Notizen:

____

____

____

Ü Trage in die folgenden Sätze den jeweils fehlenden Buchstaben ein.

Pinguine ___ehen etwas ungeschickt.

Ihr komisches ___ehen wird immer wieder belächelt.

Pinguine ___rüten an Land.

Die Tiere gehen zum ___rüten an Land.

Eine Fettschicht schützt die Tiere vorm ___rfrieren.

Ohne ihre Fettschicht müssten die Tiere ___rfrieren.

T60 Die erste Luftreise

Das Fliegen ist ein uralter Traum der Menschheit. Er wurde am 21.11.1783 in Frankreich erfüllt. Zwei Menschen erhoben sich in das Reich der Vögel, Wolken und Winde. Vorher hatte man die möglichen Folgen **des Fliegens** an einer Ente, einem Hahn und einem Hammel studiert.
Damals startete allerdings kein Flugzeug **mit lautem Donnern und Pfeifen**. Es schwebte still ein großer Ballon empor, den zwei französische Brüder gebaut hatten. Er war aus Stoff genäht und geknöpft. **Das Abdichten** des Stoffes erfolgte durch Papierbahnen, die man innen angebracht hatte. Die einzelnen Bahnen wurden wie bei einem Kleid oder Hemd zusammengeknöpft. Zusammengedrückt war der Ballon voller Falten und luftleer. Gefüllt wurde er nicht mit Gas, sondern mit heißem Rauch. Dieser wurde **durch das Abbrennen** von feuchtem Stroh und Schafwolle erzeugt. Diese erste Luftreise dauerte 25 Minuten.
Solche Ballons gibt es noch heute. Aber ihre Hülle ist aus schwer brennbaren Kunststoffbahnen gefertigt. **Das Füllen** geschieht auch mit Heißluft, die jedoch von einem speziellen Brenner erzeugt wird.

Wörter: 160

Notizen:

___

___

___

Ü Trage in die folgenden Sätze den jeweils fehlenden Buchstaben ein.

Das __liegen ist ein uralter Traum der Menschheit.

Schon immer wollten die Menschen __liegen.

Mit lautem __onnern und __feifen starten heute die Flugzeuge.

Ballons __onnern und __feifen nicht, sie fahren lautlos.

Spezielle Brenner __üllen die Hülle mit Heißluft.

Das __üllen der Ballons dauert sehr lange.

T61 Lenas Rennmaus

Jonas und seine Schwester Lena waren allein zu Haus. Ihre Eltern waren ins Kino gegangen. Anschließend wollten sie noch **zum Essen** gehen.
Plötzlich hörten die Kinder **etwas Merkwürdiges. Ein Knistern und Rascheln** kam aus der Küche. Das versprach **nichts Gutes**. Zuerst wussten sie nicht, was sie tun sollten. Lena stand jedoch mutig auf und öffnete die Tür. **Von dem Knistern und Rascheln** war nichts mehr zu hören. Doch da begann es wieder. Unter dem Küchenschrank bewegte sich etwas. Was war das?
Jonas schaute nach und musste lachen. Erleichtert sagte er zu Lena: „Deine Rennmaus ist wieder auf Wanderschaft gegangen. Sie könnte sich mal **etwas Neues** einfallen lassen. Gestern haben wir sie doch im Keller **beim Fressen** erwischt."

Wörter: 117

Notizen:

____

____

____

____

Ü Trage in die folgenden Sätze den jeweils fehlenden Buchstaben ein.

Ich habe nichts __eues zu berichten.

Die Zeitung berichtet von __euen Ereignissen.

Lena hat im Wohnzimmer etwas __erkwürdiges gehört.

Unter dem Sofa sitzt eine __erkwürdige Gestalt.

T62 Kein Sonderangebot

Gestern hatte ich einen merkwürdigen Traum. So **etwas Sonderbares** hatte ich noch nie geträumt. Ich überlegte eine Weile, ob ich **meinem älteren Bruder** etwas davon erzählen sollte. Im Traum schaute ich einer Marktfrau zu, die **etwas ganz Spezielles** anzubieten hatte. **Das Komische** war, dass die Frau ganz so aussah wie ich. Im Traum hörte ich sie rufen:
„Meine sehr verehrten Damen und Herren!
Kommen Sie näher. Heute gibt es **etwas Außergewöhnliches** an meinem Stand. Betrachten Sie **dieses wunderschöne Exemplar** von Bruder. Auffällig sind **das Rot** seiner Haare und die Nase **mit den lustigen Sommersprossen**. Auch **das Schwarz** seiner Fingernägel sollten Sie nicht übersehen. Schließlich hat er **lange** daran gearbeitet. Immer wieder ärgert er seine Schwester.
Aber **er** kann auch **nett** und **hilfsbereit** sein. So kann er **wunderbar** den Rasen mähen, einmal im Jahr. Mit diesem Angebot treffen Sie **ins Schwarze** ..."
„Pauline, komm zum Frühstück, ich habe **leckere Brötchen** geholt. Der Tisch ist auch schon gedeckt", hörte ich **von Ferne die bekannte Stimme** meines Bruders.
Und so kam es, dass ich meinen Traum dann doch für mich behielt.

Wörter: 178

Notizen:

____

____

____

Ü Trage in den folgenden Textauszug die fehlenden Buchstaben ein.

Gestern hatte ich einen __erkwürdigen Traum. So etwas __onderbares hatte ich noch nie geträumt. Ich überlegte eine Weile, ob ich meinem __lteren Bruder davon erzählen sollte. Im Traum schaute ich einer Marktfrau zu, die etwas ganz __pezielles anzubieten hatte. Das __omische war, dass die Frau ganz so aussah wie ich. Im Traum hörte ich sie rufen:
„Meine sehr __erehrten Damen und Herren!
Kommen Sie __äher. Heute gibt es etwas __ußergewöhnliches an meinem Stand.
Betrachten Sie dieses __underschöne Exemplar von Bruder. Auffällig sind das __ot seiner Haare und die Nase mit den __ustigen Sommersprossen. Auch das __chwarz seiner Fingernägel sollten Sie nicht übersehen. Schließlich hat er __ange daran gearbeitet. Immer wieder ärgert er seine Schwester."

T63 Mit der Fähre über die Ostsee

Noch immer ist es **etwas Besonderes**, mit der Fähre von Deutschland nach Schweden zu fahren. Der Bauch der großen Schiffe kann viele Lastwagen und Personenkraftwagen schlucken. **Das Ungewöhnliche** daran ist, dass diese Fähren nur einen geringen Tiefgang haben, sodass (so dass) sie auch Häfen mit niedrigerem Wasserstand anlaufen können. Sie sind außerdem sehr wendig.
Das Befahren der Autodecks erfolgt nach einem bestimmten Plan, sodass (so dass) möglichst viele Fahrzeuge mitgenommen werden können.
Auf den Decks gibt **es viel Interessantes** zu erleben. Für Kinder wird ein eigenes Spielprogramm angeboten. Die Erwachsenen können sich auf den Sonnendecks ausruhen oder sich in den verschiedenen Restaurants **etwas Leckeres zum Essen** holen. Während der Fahrt kann man außerdem zollfrei einkaufen.
Etwas besonders Beeindruckendes ist **beim Ablegen** und bei der Ankunft des Schiffes **das Öffnen und Schließen** der mächtigen Ladeklappe. Mithilfe (Mit Hilfe) eines Motors und dicker Stahlseile wird sie bewegt. **Besonders Empfindliche** sollten sich dabei die Ohren zuhalten.
Die Fähren dieser Linie gelten als besonders sicher. Regelmäßige Überprüfungen sind **etwas Selbstverständliches**.

Wörter: 163

Notizen:

____

____

Ü Trage in die folgenden Sätze den jeweils fehlenden Buchstaben ein.

Wer mit einer Fähre verreist, kann etwas __esonderes erleben.

An Bord gibt es __esondere Veranstaltungen für Kinder.

Das __efahren der Decks erfolgt nach einem bestimmten Plan.

Die Autos __efahren die Decks nur äußerst langsam.

Die Sicherheitsvorschriften müssen __elbstverständlich eingehalten werden.

Regelmäßige Überprüfungen sind etwas __elbstverständliches.

T64 Der Seeweg nach Indien

Als Kolumbus 1492 den Seeweg nach Indien suchte, entdeckte er den **amerikanischen** Kontinent. Von seinem eigentlichen Ziel trennte ihn die ungeheure Weite des **Pazifischen Ozeans**. Aber bereits die Überquerung des **Atlantischen Ozeans** war eine große Leistung. Von den **Kanarischen Inseln** war er losgesegelt und an der **mittelamerikanischen** Westküste gelandet. Die Inselgruppe, auf die er traf, nennt man bis heute die **Westindischen Inseln**. Kolumbus war von dieser Region begeistert. Einige Landstriche, die er sah, erinnerten ihn an seine **italienische** Heimat.
Obwohl der Seefahrer ohne die erwarteten **indischen** Gewürze zurückkam, ehrten ihn die Königin und der König von Spanien wie einen Fürsten. Dennoch starb er enttäuscht und verbittert. Erst der **portugiesische** Kapitän Vasco da Gama fand den richtigen Seeweg nach Indien.
Die Entdeckung Amerikas durch Kolumbus wird heute nicht nur bewundert. Mit ihr begann nämlich die Ausbeutung und Ausrottung der **indianischen** Bevölkerung. Dafür waren vor allem die nachfolgenden Seefahrer verantwortlich.

Wörter: 148

Notizen:

___

___

___

Ü Trage in die folgenden Ausdrücke die fehlenden Buchstaben ein. Schau noch einmal bei den Regeln auf S. 91–92 nach, wenn du dir unsicher bist.

der __tlantische Ozean

seine __talienische Heimat

der __ortugiesische Kapitän

der __azifische Ozean

die __ndianische Bevölkerung

T65 Urlaub in Frankreich

Frankreich ist eines der beliebtesten **europäischen** Urlaubsländer. An der Westküste ist es der **Atlantische Ozean**, im Süden ist es das Mittelmeer, welches zahlreiche Menschen anzieht.
Die Mittelmeerküste ist beinahe vollständig mit Hotels zugebaut. Eine typisch **französische** Lebensweise ist kaum noch vorzufinden. Hier machen Menschen Urlaub, die vor allem die Wärme der südlichen Sonne und den Trubel lieben.
Die Atlantikküste besitzt, vor allem im Nordwesten, einen ganz anderen Charakter. Kleine **bretonische** Fischerdörfer laden zum Verweilen ein. Hier werden Feste gefeiert, die typisch sind für die Region und an denen die Einheimischen zahlreich teilnehmen. Hier werden Gerichte nach alten **französischen** Rezepten zubereitet und zum Kauf angeboten. **Bretonische** Tänze, die gelegentlich an **türkische** Tänze erinnern, gehören zu jedem Fest dazu.
Andere Urlauber zieht es in die Hauptstadt Paris. Berüchtigt ist der **Pariser** Verkehr. Schon mancher Autofahrer wollte entnervt auf dem **Pariser** Ring sein Auto stehen lassen, weil er mit dem **französischen** Fahrstil Probleme hatte. Paris zählt vor allem wegen seiner Sehenswürdigkeiten zu den bedeutendsten **europäischen** Städten.

Wörter: 163

Notizen:

____

____

____

Ü Trage in die folgenden Ausdrücke die fehlenden Buchstaben ein. Schau noch einmal bei den Regeln auf S. 91 – 92 nach, wenn du dir unsicher bist.

der __ariser Verkehr

die __uropäischen Urlaubsländer

die __ürkischen Tänze

der __tlantische Ozean

die __ranzösischen Rezepte

T66 Urlaubsvorbereitungen

Anne und Lea wollen **von Samstag** bis **Montag** mit ihren Freundinnen an einem kleinen Fluss zelten. Ihre Eltern haben es ihnen erlaubt, weil der Fluss ungefährlich ist. Anne geht **freitagnachmittags** immer zum Tanzen. Deshalb treffen sich die beiden bereits **Donnerstagabend**, um gemeinsam ihre Sachen zu packen.
„Ich werde mir **morgen** noch einen neuen Schlafsack kaufen. Hast du einen Tipp, wo es günstige gibt?“, fragt Anne ihre Freundin. „Mein Bruder hat sich **vorgestern** im Supermarkt einen gekauft, der war sehr günstig. Ich weiß aber nicht, ob **morgen Nachmittag** noch welche da sind“, antwortet die Freundin. „Dann sollte ich besser noch **heute Abend** hingehen. Der Supermarkt ist **donnerstags** doch bis 20.00 Uhr geöffnet“, meint Anne.
So machen sich die beiden auf den Weg und kaufen einen neuen Schlafsack. Sie gehen anschließend noch an einer Eisdiele vorbei, müssen sich dann jedoch beeilen. Die Freundinnen dürfen **abends** nämlich nur bis 21.00 Uhr draußen bleiben. Und sie wollen das Zeltwochenende natürlich nicht gefährden.

Wörter: 160

Notizen:

____

____

____

Ü Ergänze die Tabelle so, dass sich jeweils eine groß- und kleingeschriebene Zeitangabe gegenüberstehen.

Kleinschreibung	Großschreibung
abends	der Abend, am Abend, des Abends
freitags	
	am Nachmittag, der Nachmittag, des Nachmittags
dienstagabends	
	am Mittwochmorgen, der Mittwochmorgen
vormittags	

T67 Ein Brief

Lieber Herr Heinzel,[1]

wir, die Schülerinnen und Schüler der Klasse 5a, möchten **Sie** zu unserem Klassenfest einladen. Wir finden nämlich, dass **Sie** der netteste Hausmeister sind, den es gibt. Wir haben auch **Ihre** Lieblingsbratwürste eingekauft. Natürlich sollen **Sie** auch von unserem leckeren Salat probieren. Als Getränke gibt es Saft und Sprudel. Ein Bier dürfen wir leider für **Sie** nicht kaufen. Dafür haben **Sie** bestimmt Verständnis. Selbstverständlich ist **Ihre** Frau auch eingeladen.
Natürlich werden wir nicht nur essen und trinken. Einige Schülerinnen und Schüler haben sich lustige Spiele ausgedacht. Da müssen **Sie** unbedingt mitmachen.
Wir haben allerdings noch eine kleine Bitte an **Sie**. Könnten Sie vielleicht aus **Ihrem** Lagerraum einen neuen Wasserhahn mitbringen? Unser ist nämlich gestern in der ersten großen Pause leider abgebrochen.
Wir freuen uns auf **Sie**!

Ihre Klasse 5a

Wörter: 133

Notizen:

____

____

____

Ü Trage die fehlenden Anredepronomen in den folgenden Briefauszug ein.

Lieber Herr Heinzel,
wir, die Schülerinnen und Schüler der Klasse 5a, möchten ________ zu unserem Klassenfest einladen. Wir finden nämlich, dass ________ der netteste Hausmeister sind, den es gibt. Wir haben auch ________ Lieblingsbratwürste eingekauft. Natürlich sollen ________ auch von unserem leckeren Salat probieren. Als Getränke gibt es Saft und Sprudel. Ein Bier dürfen wir leider für ________ nicht kaufen. Dafür haben ________ bestimmt Verständnis. Selbstverständlich ist ________ Frau auch eingeladen.

[1] Anstelle des Kommas kann auch ein Ausrufezeichen stehen. Dann wird groß weitergeschrieben:
Lieber Herr Heinzel!
Wir, die Schülerinnen und Schüler ...

Zeichensetzung

Die Zeichensetzung in der wörtlichen Rede

R Die wörtliche Rede oder wörtlich wiedergegebene Gedanken werden in Anführungszeichen gesetzt. Die genaue Zeichensetzung hängt davon ab, ob der Redebegleitsatz vor oder hinter der wörtlichen Rede steht oder ob er in die wörtliche Rede eingeschoben ist.

1. Der Redebegleitsatz steht vor der wörtlichen Rede

BEISPIEL *Er sagte: „Ich habe Hunger."*
Sie fragte: „Wie heißt du?"
Ich rief: „Komm sofort her!"

2. Der Redebegleitsatz steht hinter der wörtlichen Rede

BEISPIEL *„Ich habe Hunger", sagte er.*
„Wie heißt du?", fragte sie.
„Komm sofort her!", rief ich.

3. Der Redebegleitsatz ist in die wörtliche Rede eingeschoben

BEISPIEL *„Ich kann mich", sagte der Junge, „nicht mehr daran erinnern."*

Das Komma zwischen den Teilen einer Aufzählung

R Das Komma steht zwischen den Teilen einer Aufzählung, wenn diese nicht durch ein Verknüpfungswort (Konjunktion) wie zum Beispiel **und** oder **oder** verbunden sind. Die Teile einer Aufzählung können aus einzelnen Wörtern, Wortgruppen oder Sätzen bestehen.

1. Das Komma zwischen einzelnen Wörtern

BEISPIEL *Lena ist freundlich, hilfsbereit und lustig.*
Ich mag Erbsen, Möhren, Spinat, Blumenkohl und Salat besonders gern.

2. Das Komma zwischen Wortgruppen

BEISPIEL *Jana wünscht sich ein neues Skateboard, schwarze Knieschützer, einen Helm mit Aufdruck und eine modische Kappe.*

3. Das Komma zwischen Sätzen

BEISPIEL *Anne liest ein Buch, Julia füttert die Tiere und Christina mäht den Rasen.*
Geh nach Hause, zieh dir trockene Sachen an und komm dann zurück!
Wenn ich mit den Hausaufgaben fertig bin, wenn ich eingekauft habe und wenn meine Eltern zurück sind, komme ich.

Achtung! *Vollständige Sätze, also Sätze mit einem Subjekt und Prädikat, die durch **und** bzw. **oder** verbunden sind, können durch ein Komma abgetrennt werden, um deutlich zu machen, wie der Gesamtsatz gegliedert ist.*

BEISPIEL *Paul fährt zum Einkaufen in die Stadt(,) und Christina besucht ihre Freundin im Krankenhaus.*

Möchtest du etwas essen(,) oder bist du noch satt vom Frühstück?

Anreden und Ausrufe

R Das Komma trennt Anreden und Ausrufe vom übrigen Satz ab.

BEISPIEL *Julia, kannst du mir bitte helfen.*
Oh, das schmeckt aber lecker!
Du hast bei der Lotterie nicht gewonnen, leider.

Einschübe und Zusätze am Satzende

R Das Komma trennt eingeschobene Wörter oder Wortgruppen vom übrigen Satz ab, weil sie den Lesefluss deutlich unterbrechen. Auch Zusätze am Satzende werden durch Komma abgetrennt.

BEISPIEL *Andreas, mein bester Freund, wird an der Radtour teilnehmen.*
Chris nahm am Wettkampf teil, trotz einer Verletzung.
Ich esse sehr gern Obst, vor allem Kirschen.

Das Komma in Satzgefügen

R Hauptsatz und Gliedsatz/Nebensatz werden durch ein Komma voneinander getrennt. Gliedsätze/Nebensätze können vor dem Hauptsatz stehen, dahinter oder in ihn eingefügt sein. Gliedsätze/Nebensätze besitzen fast immer ein Einleitungswort (als, weil, dass ...).
Sie können im Gegensatz zum Hauptsatz nicht alleine stehen. Das gebeugte Verb steht bei einem Nebensatz/Gliedsatz am Ende.

BEISPIEL *Mona nimmt nicht am Wettkampf teil, weil sie verletzt ist.*
Hauptsatz — Nebensatz/Gliedsatz

Weil sie verletzt ist, nimmt Mona nicht am Wettkampf teil.
Nebensatz/Gliedsatz — Hauptsatz

Mona nimmt, weil sie verletzt ist, nicht am Wettkampf teil.
Hauptsatz — Nebensatz/Gliedsatz — Hauptsatz

Das Komma vor Infinitivgruppen

R Manchmal enthält ein Gesamtsatz einen Teil, der aus einem **Infinitiv mit zu** besteht, zu dem **weitere Wörter** hinzukommen. Man spricht dabei von einer **Infinitivgruppe.** Diese Infinitivgruppe wird in drei Fällen durch Kommas vom übrigen Satz abgetrennt.

1. Die Infinitivgruppe wird durch um (... zu), ohne (... zu), anstatt (... zu) eingeleitet

BEISPIEL *Wir treffen uns, um für die Mathematikarbeit zu üben.*
Das Kind läuft auf die Straße, ohne auf den Verkehr zu achten.
Das Kind läuft, ohne auf den Verkehr zu achten, auf die Straße.
Der Autofahrer fährt einfach weiter, anstatt sich um den Verletzten zu kümmern.

2. Die Infinitivgruppe bezieht sich auf ein Nomen/Substantiv im Satz

BEISPIEL *Paul hatte keine Lust, sich das Fußballspiel anzusehen.*
Die Idee, mit dem Rad zu fahren, fand sie gut.

3. Die Infinitivgruppe bezieht sich auf ein Wort wie daran, darauf, dazu, es

BEISPIEL

Caro hatte nicht daran gedacht, ihr Schwimmzeug mitzunehmen.
Daran, ihr Schwimmzeug mitzunehmen, hatte Caro nicht gedacht.
Ihr Schwimmzeug mitzunehmen, daran hatte Caro nicht gedacht.

Paul war nicht mehr dazu gekommen, den Fahrradreifen zu reparieren.
Dazu, den Fahrradreifen zu reparieren, war Paul nicht mehr gekommen.
Den Fahrradreifen zu reparieren, dazu war Paul nicht mehr gekommen.

5-Minuten-Diktate

Zeichensetzung in der wörtliche Rede

1 Ein Pferd sitzt in der Milchbar. Eine Kuh kommt herein. Da mosert das Pferd: „Seit wann kommen Lieferanten durch den Haupteingang?“

2 „Warum essen Sie jeden Tag zwei Zitronen?“, fragt eine Frau den Kurgast. Dieser entgegnet: „Das reinigt den Körper.“ „Zu diesem Zweck dusche ich jeden Tag“, meint da die Frau.

3 „Komm doch endlich rein!“, sagt der Kaffee zur Sahne. „Na gut, bevor ich mich schlagen lasse“, erwidert diese.

4 Paul hat sein Sparschwein zertrümmert. Zu seiner großen Enttäuschung ist es völlig leer. „Mutti“, ruft er laut, „das Schweinchen hat gar nichts gespart!“

5 „Du Mami, ich fürchte, bei der Geschichte mit den Störchen stimmt etwas nicht“, meint der kleine Paul. „Wieso?“, fragt die Mutter. „Die Störche fliegen im Winter nach Afrika(,) und ich bin im Dezember geboren!“

Das Komma zwischen den Teilen einer Aufzählung

6 In einen leckeren Obstsalat gehören Äpfel, Birnen, Pfirsiche, Ananas, Bananen und Erdbeeren. Dazu passt eine Soße aus Apfelsinensaft, Zitronensaft und geriebenen Mandeln. Zum Schluss gibt man noch Sahne darüber.

7 Fußballspieler benötigen Kraft, Schnelligkeit und Ausdauer. Einige haben die Veranlagung dazu, andere müssen dafür hart trainieren.

8 Wolfsspinnen haben große, außergewöhnlich scharfe Augen. Ihnen entgeht kein Beutetier. Sie liegen in Bodenlöchern mit einer Klappe darüber. Zunächst beobachten sie die Beute, klappen den Deckel auf, schießen hervor, packen das Beutetier und ziehen es dann in ihren Bau.

9 Mücken gehören zu den zweiflügeligen Insekten mit langen, dünnen Beinen. Besonders auffallend sind die vielgliedrigen Fühler. Die Larven leben im Wasser, auf faulen Stoffen oder in Gallen. Das sind knotenartige Verdickungen an Blättern und Stängeln. Die Weibchen vieler Arten saugen Blut und übertragen damit oft gefährliche Krankheiten.

10 Die bekanntesten Meisenarten sind die Kohlmeise, die Blaumeise und die Haubenmeise. Die kleinen Singvögel leben im Sommer von Insekten und im Winter von Körnern. Sie brüten in Höhlen oder Nistkästen.

Anreden und Ausrufe

11 „Mutti, wo kommen eigentlich all die alten Autos hin?“, will der Sohn wissen. „Peter, die dreht immer irgendjemand deinem Vater an“, antwortet die Mutter.

12 „Doris, wie oft muss ich dir denn noch sagen, dass du von der Keksdose wegbleiben sollst?“, sagt der Vater. „Gar nicht mehr, Papa, jetzt ist sie leer“, antwortet die Tochter.

13 André fragt seinen Freund Lukas: „Wie war der Urlaub auf dem Bauernhof?“ „Ach, ganz großer Mist!“

Einschübe und Zusätze am Satzende

14 Jonas, mein bester Freund, gewann vor einem Jahr den Kreismeistertitel im Judo. In wenigen Tagen muss er seinen Titel verteidigen. Ob er es schafft?

15 Manche Haie, vor allem der Blauhai, sind sehr gefährlich. Es gibt jedoch auch für den Menschen harmlose Arten, zum Beispiel den Walhai.

16 Kleine Singvögel, etwa Spatzen, besitzen zur Wärmedämmung ungefähr 2 000 Federn. Das Gewicht ihrer Federn ist größer als das ihrer Knochen.

17 Roboter, diese Wunderwerke der Technik, sind inzwischen auf sehr vielen Gebieten nützlich, zum Beispiel bei der Autoherstellung, in Bergwerken oder in der Raumfahrt.

18 Das Nashorn, ein dickhäutiges Säugetier, lebt in den tropischen Gebieten von Afrika und Asien. Es kann bis zu 2 000 kg schwer werden.

Das Komma in einfachen Satzgefügen

19 Wenn ein Turner sich vor einem Wettkampf nicht richtig aufwärmt, kann er sich sehr leicht verletzen. Außerdem wird es so sein, dass er nicht die gewohnte Leistung erbringt.

20 Zirkustiere, die in zu kleinen Käfigen gehalten werden, verkümmern leicht. Dann verhalten sie sich schließlich so, wie sie es in der Natur niemals tun würden.

21 Metalle kann man zum Schmelzen bringen, indem man sie erhitzt. Wenn man diesen Vorgang fortsetzt, verdampfen sie sogar.

22 Eisberge sind für Schiffe deshalb so gefährlich, da nur ein Neuntel des Eises aus dem Wasser herausschaut. Dieser Umstand wurde der „Titanic“ zum Verhängnis, die 1912 gegen einen Eisberg fuhr und versank.

23 Es gibt wenige Tiere, die so leicht zu halten sind wie ein Meerschweinchen. Denn es gibt nur wenige Punkte, die für ihre Haltung zu berücksichtigen sind. Ein Tier benötigt einen angemessen großen Käfig, der am besten aus Kunststoff sein soll. Den Boden des Käfigs bedeckt man mit Hobelspänen aus Weichholz. Die Tiere riechen nicht, wenn man dieses zweimal wöchentlich wechselt. Im Sommer kann man sie auf den Rasen setzen, der aber nicht frisch gedüngt sein darf.

24 Der Pfau gehört zur Familie der Fasanen. Der prächtige Hühnervogel, der gern in Parkanlagen gehalten wird, lebt in seiner asiatischen Heimat im Buschland. Er hat ein metallisch schimmerndes Gefieder und auf seinem Kopf eine Federkrone. Seine langen Schwanzfedern trägt er wie eine Schleppe. Sie sind mit Augenflecken bedeckt, die man sehr gut sehen kann, wenn er ein Rad schlägt.

25 Mitten im Gesicht sitzt deine Nase. Sie hat zwei Nasenlöcher. Wenn du durch die Nase einatmest, wird die Luft leicht gereinigt und erwärmt. In dieser Luft sind unzählige kleine Teilchen, die deine Riechschleimhaut erreichen. Der Reiz, der dadurch entsteht, wird durch Nerven an dein Gehirn weitergeleitet(,) und so kannst du denken: Es riecht gut(,) oder es stinkt(,) oder ich rieche nichts.

Das Komma bei Infinitivgruppen

26 Micha trifft sich mit seinem Freund in der Stadt, um sich für den Urlaub ein neues Federballspiel zu kaufen. Ohne auf den Preis zu achten, geht er zur Kasse. Das gibt eine Überraschung, denn die Schläger sind sehr teuer.

27 Früher erhielten einige Seeleute sogenannte (so genannte) Freibriefe, die ihnen die Erlaubnis gaben, auf offener See feindliche Schiffe auszurauben und zu versenken.

28 Nach dem Säubern des Käfigs hat Maike nicht daran gedacht, die Türen zu verschließen. Jetzt muss sie ihre Rennmäuse im ganzen Haus suchen. Sie bittet ihren Bruder darum, ihr dabei zu helfen.

29 Um manche Krankheiten oder Verletzungen heilen zu können, muss man einen Menschen operieren. Dazu öffnet man den Körper, um gebrochene Knochen wieder zusammenzufügen oder krankes Gewebe herauszunehmen. Anstatt bei einer Operation einen großen Schnitt zu machen, verwendet man heute bereits dünne Röhrchen. Nach ihrem Einsatz sieht man von der Operation kaum etwas.

30 Felix hat von dem Pastor seiner Gemeinde das Angebot bekommen, eine Jugendgruppe in den Ferien zu begleiten. Um sich darauf einzustellen, nimmt er an einem Vorbereitungsseminar im Sauerland teil. Felix hat zwar noch keine Erfahrungen damit, eine Gruppe zu leiten, traut es sich aber zu und freut sich auf die Herausforderung.

31 Viele Menschen gehen in die Sauna, um sich abzuhärten. Ganz wichtig ist es, sich vor dem Saunen gründlich zu duschen und abzutrocknen. Das dient nämlich dazu, die Schweißproduktion anzuregen.

32 Wer über die Straße geht, ohne nach rechts oder links zu schauen, läuft Gefahr, von einem Auto erfasst zu werden.

33 Anne hat den Entschluss gefasst, sich im Fach Mathematik endlich zu verbessern. Deshalb bittet sie ihren Freund Lukas, mit ihr täglich zu üben. Da die beiden sich gut verstehen, ist Lukas sofort einverstanden. Er macht den Vorschlag, gleich am nächsten Tag anzufangen, um keine Zeit zu verlieren.

T68 Der Fuchs und der Ziegenbock

Ein Fuchs war in einen tiefen Brunnen gefallen und konnte nicht mehr heraus. Da kam ein durstiger Ziegenbock und fragte: „Ist das Wasser gut?" Der Fuchs verschwieg, dass er in die Tiefe gefallen war, und antwortete: „Das Wasser ist sehr gut. Komm nur herab!"
Das tat der Ziegenbock. „Wie können wir nun wieder heraufkommen?", fragte er, nachdem er getrunken hatte. Der Fuchs sagte: „Dafür will ich schon sorgen. Du stellst dich auf die Hinterbeine, stemmst die Vorderbeine gegen den Brunnenrand und streckst deinen Hals heraus. Dann werde ich über deinen Rücken hinaufklettern und anschließend dir heraushelfen." „Eine gute Idee", meinte der Ziegenbock und tat es.
Als der Fuchs aber oben war, machte er sich über den Ziegenbock lustig und rief: „Wenn du so viele Gedanken in deinem Kopf hättest wie Haare in deinem Bart, so wärest du nicht hinuntergestiegen, ohne zu überlegen, wie du wieder herauskommst!"

(nach Äsop)

Wörter: 146

Notizen:

____

____

____

____

____

Ü Unterstreiche in dem folgenden Text die wörtliche Rede und versieh die Redebegleitsätze mit einer Wellenlinie.

Karla sagt zu ihrer Freundin: „Gestern habe ich eine Taube gesehen, die auf dem Kopf stand." „Bist du im Zirkus gewesen?", will die Freundin wissen. „Nein", entgegnet Carla, „sie stand auf dem Denkmal des großen Kurfürsten, und zwar genau auf dem Kopf."

T69 Till schaut in die Luft

Einmal stand Eulenspiegel mitten auf dem Marktplatz von Braunschweig und starrte in die Wolken. Ein Ratsdiener kam vorbei und fragte ihn: „Was guckst du denn immerzu in die Luft?“ „Das ist meine Sache“, erwiderte Till und blickte weiter nach oben.
Rasch rief der Ratsdiener einen der Ratsherrn. „Till, was gibt es denn Wichtiges zu sehen?“, fragte dieser. Eulenspiegel rollte geheimnisvoll die Augen und meinte: „Habt Geduld. Sobald es nicht mehr da ist, gebe ich euch Bescheid.“
Unterdessen sammelten sich immer mehr Menschen auf dem Marktplatz und glotzten zum Himmel. Aber niemand sah etwas. „Ach, so etwas Dummes!“, rief Till zwischendurch einmal. Ansonsten schaute er nur nach oben.
Da reichten ihm die Bürger allerlei Geschenke(,) und die Herren des Rates versprachen dem Narren sogar einen hohen Titel, wenn er endlich verrate, warum er immer nach dem Himmel starre. „Legt noch ein wenig Geld hinzu“, sagte Till, „dann verrate ich es euch!“ Das geschah. Nach weiteren zehn Minuten neigte Till behutsam den Kopf nach vorn, lächelte und sprach: „Ich hatte Nasenbluten(,) und nun ist es vorbei.“

Wörter: 174

Notizen:

____

____

____

____

Ü Unterstreiche in dem folgenden Text die wörtliche Rede und versieh die Redebegleitsätze mit einer Wellenlinie. Setze anschließend die fehlenden Zeichen.

Der Zoodirektor beschimpft den Tierpfleger Sie Trottel! Sie haben die Käfigtür gestern offen gelassen Das macht doch nichts. Wer klaut schon einen Löwen entgegnet dieser.

T70 Das Leben im Wald

Unsere Wälder stellen für Tiere mit unterschiedlicher Größe, vom kleinen Käfer bis zum ausgewachsenen Wildschwein, ein Zuhause dar.
Den ganzen Tag über sind die Tiere beschäftigt. Sie graben ihren Bau, richten ihr Nest her oder bauen eine Höhle. Nahrung finden sie überall. Die Pflanzenfresser können sich von Beeren, Nüssen, Blättern oder Früchten ernähren. Für die Fleischfresser, zum Beispiel Dachse und Füchse, besteht der Speiseplan aus Insekten, Kleintieren und anderen Lebewesen.
Bäume, Sträucher und Pflanzen stehen scheinbar unbeweglich in der Natur, dennoch sind sie lebendig. Sie treiben Knospen, Blüten und Blätter, bilden Triebe und schlagen Wurzeln. Auf diesem Weg erschaffen sie immer wieder neu die Gestalt des Waldes.
Aus diesem Grund darf das Leben des Waldes nicht zerstört werden, müssen sich die Menschen für seinen Erhalt einsetzen und ihn schützen.

Wörter: 129

Notizen:

Ü Zeichne in den folgenden Beispielsätzen um die einzelnen Teile der Aufzählung einen Kasten und setze die Kommas.

- Meine liebsten Hobbys sind Fahrrad fahren Ski laufen Bücher lesen und Fotos machen.
- Zu meiner Mannschaft gehören Anke Walli Doris und Isabell.
- Iller Isar Lech und Inn sind Nebenflüsse der Donau.

T71 Die treuen Islandpferde

Islandponys sind kleine, untersetzte Pferde mit großem Kopf und intelligenten Augen. Sie haben einen kurzen, dicken Hals, eine üppige Mähne, kleine Ohren und große Nüstern. Dank ihrer kräftigen Beine und harten Hufe sind sie sehr ausdauernd. Sie können deshalb als Lasttiere auch in unwegsamen, zerklüfteten Gegenden eingesetzt werden.

Früher war das Leben der Menschen auf Island untrennbar mit diesen zuverlässigen, genügsamen Pferden verbunden. Ohne sie hätte niemand die Wege durch raue Hochebenen, reißende Ströme, Gletscher und Lavagestein zurücklegen können. Alle Arbeiten auf den Feldern verrichteten Mensch und Tier gemeinsam.

Alle Ponys stammen von den nordeuropäischen Urwildpferden ab. Diese Ponys waren dem Leben in kargen Gebieten gut angepasst. Mit ihren breiten, senkrechten Schneidezähnen können sie niedrige, zähe Gewächse gut abbeißen und mit ihren kräftigen Backenzähnen zerkauen. Das dicke, fettige Fell lässt sie auch bei kaltem, feuchtem Wetter nie frieren.

Wörter: 138

Notizen:

____

____

____

____

Ü Zeichne in den folgenden Beispielsätzen um die einzelnen Teile der Aufzählung einen Kasten und setze die Kommas.

- Meine liebsten Fächer sind Deutsch Sport Geschichte und Erdkunde.
- Basketballspieler sind oft groß kräftig und schnell.
- Bei unserem Bäcker gibt es leckere Vollkornbrötchen knusprige Brezeln und Paderborner Landbrot.

T72 Ein Gewitter kommt

Drückende Schwüle lastet über der Stadt. Die Luft ist ganz still, kein Blatt bewegt sich. Eine schwarze Wolkenwand zieht herauf(,) und in der Ferne grollt der Donner.
Auf den Spielplätzen wird es stiller, die Kinder gehen nach Hause(,) und die Menschen schließen die Fenster.
Die Autofahrer schalten ihre Scheinwerfer an, fahren langsamer und vorsichtiger. Fußgänger sehen besorgt zum Himmel, holen ihre Schirme hervor und beeilen sich. In jedem Moment kann es losgehen.
Auf einmal fängt es an(,) zu wehen. Haushoch wird der Staub in die Luft gewirbelt. Papierfetzen flattern durch die Luft und bleiben in Büschen und Bäumen hängen. Dann heult der Sturm(,) und die ersten Blitze zucken. Der Donner folgt Schlag auf Schlag, Regen prasselt hernieder(,) und die Menschen suchen Schutz in Hauseingängen. Einige Kinder stehen am Fenster, schauen hinaus und ängstigen sich. Aber nach einer halben Stunde ist alles vorbei.

Wörter: 142

Notizen:

Ü Schreibe die folgenden Sätze aus dem Text oben in der richtigen Form ab. Achte dabei auch auf die Satzzeichen.

DERDONNERFOLGTSCHLAGAUFSCHLAGREGENPRASSELT
HERNIEDERUNDDIEMENSCHENSUCHENSCHUTZINHAUS
EINGÄNGENEINIGEKINDERSTEHENAMFENSTERSCHAUEN
HINAUSUNDÄNGSTIGENSICH

T73 Warum sind so viele Burgen heute nur noch Ruinen?

Die Ritterburgen des Mittelalters waren für Feinde fast unbezwingbar. Sie standen oft auf steilen Felsen oder waren von breiten Wassergräben umgeben. Dicke und hohe Mauern schützten den Burghof, in dem bei Gefahr die Bewohner der umliegenden Dörfer Schutz suchten.
In der Burg selbst wohnten die Ritter mit ihren Familien und die Bediensteten. Das Leben auf einer Ritterburg war keine angenehme Sache. Der Wind pfiff durch die unverglasten Fenster, es gab kein fließendes Wasser(,) und die meisten Burgbewohner schliefen auf Strohsäcken in Gemeinschaftsräumen.
Die Zeit der Ritterburgen ging zu Ende, als Kanonen erfunden wurden. Nur sehr reiche Burgherren konnten ihre Anlagen so verstärken, dass sie auch Kanonenkugeln standhielten. Die meisten Burgen erfüllten nun keinen Zweck mehr. Sie wurden von ihren Bewohnern verlassen und verfielen zu Ruinen.

Wörter: 138

Notizen:

Ü Schreibe den folgenden Auszug aus dem Text oben in der richtigen Form auf.

DIEZEITDERRITTERBURGENGINGZUENDEALSKANONENER
FUNDENWURDENNURSEHRREICHEBURGHERRENKONNTEN
IHREANLAGENSOVERSTÄRKENDASSSIEAUCHKANONEN
KUGELNSTANDHIELTENDIEMEISTENBURGENERFÜLLTEN
NUNKEINENZWECKMEHR

T74 Die drei Wünsche

Drei wenig gescheite Männer versuchen(,) eine Wüste zu durchqueren. Als sie ein Stück des Weges bereits hinter sich gebracht haben, verlässt sie der Mut. Auch ihre Kräfte schwinden. Sie halten nach einer Oase Ausschau, weil ihr Vorrat an Getränken bald aufgebraucht ist. Doch nirgendwo ist ein Ort zu sehen, der Rettung verspricht. Jammernd legen sie sich nieder und klagen über ihr Schicksal.
Plötzlich kommt die Rettung. Es ist eine Fee, die jedem die Erfüllung eines Wunsches verspricht. Der erste Mann sagt: „Ich möchte in meinem Wohnzimmer sitzen, ein leckeres Essen und eine kühle Flasche Wasser vor mir haben." Im gleichen Moment erfüllt sich der Wunsch, sodass (so dass) nur noch zwei Männer in der Wüste stehen.
Der zweite Mann, der alles ganz erstaunt verfolgt hat, wiederholt den Wunsch des ersten und verschwindet ebenfalls.
Da spricht der dritte Mann: „Das ist gemein. Jetzt bin ich ganz allein. Ich möchte meine Freunde wiedersehen."
In diesem Moment sind alle wieder vereint.

Wörter: 158

Notizen:

____

____

Ü Unterstreiche in den folgenden Satzgefügen den Hauptsatz und versieh den Gliedsatz/Nebensatz mit einer Wellenlinie. Schau noch einmal auf S. 108 nach, woran man einen Gliedsatz/Nebensatz erkennt.

- Als sie ein Stück des Weges hinter sich gebracht haben, verlässt sie der Mut.
- Sie halten nach einer Oase Ausschau, weil ihr Vorrat an Getränken bald aufgebraucht ist.
- Doch nirgendwo ist ein Ort zu sehen, der Rettung verspricht.
- Der zweite Mann, der alles ganz erstaunt verfolgt hat, wiederholt den Wunsch des ersten und verschwindet ebenfalls.

T75 Ein Vielredner

In meiner vorigen Klasse hatte ich einen Mitschüler, der grundsätzlich zu Hause (zuhause) nichts lernte. Auch auf das Vorsagen verzichtete er. Wenn er vom Lehrer oder der Lehrerin drangenommen wurde, war er jedoch nie um eine Antwort verlegen.
Einmal sollte er im Erdkundeunterricht über den Rhein berichten. Er begann zu erklären: „Der Rhein ist ein Fluss. Seine Quelle und seine Mündung liegen sehr weit auseinander. In vielen Liedern über den Rhein wird der Wein besungen, weil der an seinen Ufern wächst und den Leuten gut schmeckt. Er zieht an zahlreichen Städten vorüber, ehe er ins Meer fließt. Bei der Schneeschmelze führt er mehr Wasser als sonst mit sich, sodass (so dass) die Schiffe nur schwer vorwärtskommen. In den Burgen am Ufer haben früher Ritter gelebt und ihre Feste gefeiert."
An dieser Stelle stöhnte der Erdkundelehrer auf und sagte: „Hör endlich auf(,) und zeig mir den Rhein erst einmal auf der Karte!" An dieser Aufgabe scheiterte der Schüler jedoch, weil hier mit Gerede nichts auszurichten war.

Wörter: 160

Notizen:

____

____

____

Ü Unterstreiche in den folgenden Satzgefügen den Hauptsatz und versieh den Gliedsatz/Nebensatz mit einer Wellenlinie. Schau noch einmal auf S. 108 nach, woran man einen Gliedsatz/Nebensatz erkennt. Setze anschließend die fehlenden Kommas.

- In meiner vorigen Klasse hatte ich einen Mitschüler der grundsätzlich zu Hause nichts lernte.
- Wenn er vom Lehrer oder der Lehrerin drangenommen wurde war er jedoch nie um eine Antwort verlegen.
- In vielen Liedern über den Rhein wird der Wein besungen weil der an seinen Ufern wächst und den Leuten gut schmeckt.

T76 Warum Sternschnuppen leuchten

Wenn du die Hände aneinanderreibst, brennt es dir auf der Haut. Wenn du ein Stück Holz sägst, wird das Sägeblatt warm. Wenn man mit angezogener Handbremse fährt, werden die Bremsbeläge heiß. Wenn ein Meteorit von der Erde angezogen wird und in die Lufthülle der Erde eintritt, verglüht und verdampft er. Dadurch entsteht das Leuchten.
Weil beim Eintritt in die Lufthülle der Erde Reibung entsteht, können wir in klaren Augustnächten viele Sternschnuppen sehen. Als man die ersten Raketen mit Menschen in das Weltall schoss, musste man dieses Verglühen selbstverständlich verhindern. Daher belegte man die Raumkapsel mit einer Schutzschicht, dem Hitzeschild. Außerdem verhinderte man durch Bremsraketen und Fallschirm, dass die Kapsel zu schnell fiel. Wenn sie nun in die Atmosphäre eintritt, sinkt sie langsam zur Erde. Dennoch erkennt man auch an zurückgekehrten Raumkapseln deutliche Schmelzspuren.
Viele Menschen denken beim Anblick von Sternschnuppen nur daran, dass sie sich etwas wünschen dürfen. Man darf den Wunsch jedoch nicht verraten, wenn er in Erfüllung gehen soll.

Wörter: 162

Notizen:

Ü Schreibe die folgenden Sätze aus dem Text oben in der richtigen Form ab. Achte dabei auch auf die Satzzeichen.

ALSMANDIEERSTENRAKETENMITMENSCHENINDASWELTALL
SCHOSSMUSSTEMANDIESESVERGLÜHENSELBSTVERSTÄND
LICHVERHINDERNDAHERBELEGTEMANDIERAUMKAPSELMIT
EINERSCHUTZSCHICHTDEMHITZESCHILD

T77 Mehr als ein Missgeschick

Felix machte gleich nach dem Mittagessen seine Hausaufgaben, ohne lange darüber zu stöhnen. Er beeilte sich so, um möglichst schnell bei seinem Freund Max zu sein. Dessen Familie sollte heute nämlich ein neues Auto geliefert bekommen.
Als er ankam, staunte er nicht schlecht. Max saß bereits hinter dem Steuer des neuen Autos. Seine Mutter war noch einmal mit dem Händler weggefahren, um den Verbandskasten und das Warndreieck zu holen.
Max rief: „Steig ein, ich lade dich zu einer Spritztour ein!“ Natürlich war das nicht ernst gemeint. Im Auto roch es neu und frisch, die Sitze waren noch durch Plastikbezüge vor Staub geschützt.
Max wollte nun zeigen, was er konnte. Er betätigte den Blinker, drückte die Hupe, schaltete und löste die Handbremse, um das Auto ein wenig abwärtsrollen zu lassen. Anstatt aber die Handbremse gleich wieder anzuziehen, suchte er mit dem Fuß nach der Fußbremse. Schon machte es „Klirr“. Das Auto war gegen das Garagentor gerollt. Wie sollte er das nur seiner Mutter erklären?

Wörter: 167

Notizen:

____

____

____

Ü Schreibe drei Sätze aus dem Text heraus, die eine Infinitivgruppe enthalten. Wenn du dir unsicher bist, schau noch einmal auf S. 108–109 nach, was man darunter versteht. Denk auch an die Zeichensetzung bei Infinitivgruppen.

1. ____________________

____

2. ____________________

____

3. ____________________

____

Textquellenverzeichnis

(Die Ziffern zur Kennzeichnung der Texte beziehen sich auf die Nummerierung der Texte und stellen keine Seitenzahlangabe dar. Texte mit * wurden leicht verändert bzw. lehnen sich an den Originaltext an.)

Konsonanten, die gleich oder ähnlich klingen

T 1, T 8	Bertelsmann Kinder Lexikon. Gütersloh/München: Wissen Media Verlag 2005, S. 149, 159
T 2, T 4*	TREFF Schülerbuch 1995. Seelze: Velber Verlag 1994
T 3, T 5*	TREFF Schülerbuch 1992. Seelze: Velber Verlag 1991
T 6*, T 9*	Demoulin, Anne: Jetzt weiß ich, warum! Klare Antworten auf schlaue Fragen. Nürnberg: Tessloff Verlag 1995
T 7*	Dolder, Willi und Ursula: Tierkinder. Chur: Isis Verlag AG 1996

Vokale und Doppellaute, die gleich oder ähnlich klingen

T 11*	Die Kinder der Welt (Edition Gallimard) © by Ravensburger Buchverlag 1990
T 12*	Demoulin, Anne: Jetzt weiß ich, warum! Klare Antworten auf schlaue Fragen. Nürnberg: Tessloff Verlag 1995
T 14*	TREFF Schülerbuch 1992. Seelze: Velber Verlag 1991
T 15, T 16	Unglaublich – aber wahr. Erstaunliche Fragen – überraschende Antworten. Nürnberg: Tessloff Verlag 1995
T 17, T 20*	Das Superbuch des Wissens. 1000 faszinierende Fragen und Antworten. Würzburg: Arena Verlag 1992 © Reed Books, London
T 18	Bertelsmann Kinder Lexikon. Gütersloh/München: Wissen Media Verlag 2005, S. 303

Lange Vokale (Dehnung)

T 22*, T 23*, T 28*	Tiere im Haus. Seelze: Velber Verlag 1995
T 26	TREFF Schülerbuch 1995. Seelze: Velber Verlag 1994
T 27	Herders Bunter Bildatlas der Tiere. Freiburg: Herder Verlag 1992 © Marshall Editions Ltd. 1991
T 29, T 31	TREFF Schülerbuch 1993. Seelze: Velber Verlag 1992

Kurze Vokale (Schärfung)

T 32, T 38, T 42	TREFF Schülerbuch 1993. Seelze: Velber Verlag 1992
T 34*, T 37*	Tiere im Haus. Seelze: Velber Verlag 1995
T 36	Lenz, Nikolaus: Das megadicke Buch des Wissens. Bindlach: Loewe Verlag 2005, S. 81
T 39*	Demoulin, Anne: Jetzt weiß ich, warum! Klare Antworten auf schlaue Fragen. Nürnberg: Tessloff Verlag 1995
T 40*	TREFF Das Geheimnis der Pyramiden. Seelze: Velber Verlag 1993

s-Laute

5, 22	Bertelsmann Kinder Lexikon. Gütersloh/München: Wissen Media Verlag 2005, S. 122, 81 – 82
T 43	Press, Hans-Jürgen: Spiel, das Wissen schafft. Ravensburg: Ravensburger Buchverlag 1995
T 44*, T 50*, T 52*	Herders Bunter Bildatlas der Tiere. Freiburg: Herder Verlag 1992 © Marshall Editions Ltd. 1991
T 47	TREFF Schülerbuch 1996. Seelze: Velber Verlag 1995
T 48*	TREFF Schülerbuch 1992. Seelze: Velber Verlag 1991

das – dass

1-12	Wie ist das möglich! 1001 Antworten auf erstaunliche Dinge, die du schon immer wissen wolltest. Nürnberg: Tessloff Verlag 1995
15, 16*	Bertelsmann Kinder Lexikon. Gütersloh/München: Wissen Media Verlag 2005, S. 105, 122 gek.
T 54*	TREFF Schülerbuch 1996. Seelze: Velber Verlag 1995

Zeichensetzung

9, 10, 24, 25	Bertelsmann Kinder Lexikon. Gütersloh/München: Wissen Media Verlag 2005, S. 201, 209, 214, 233
T 68*	Mudrak, Edmund (Hrsg.): Das große Buch der Fabeln. Reutlingen: Ensslin und Laiblin Verlag 1962
T 69*	Riegler, Theo: Was Kinder gerne hören. München: Südwest Verlag o. J.